FUNDORT SCHWEIZ

FUNDORT

Band 4
Das Frühmittelalter

Hanspeter Spycher
Text

Marc Zaugg
Zeichnungen und Gemälde

Gestaltung: Marc Zaugg
Lektorat: Felix Furrer / Margret Schiedt
© 1986 Verlag AARE Solothurn
Alle deutschen Rechte vorbehalten
ISBN 3-7260-0269-3

SCHWEIZ

Inhalt

6 Das Frühmittelalter – eine Zeit der Finsternis?

12 Von der Spätantike zum Frühmittelalter

    12 Eine Handelsreise nach Genf

    28 Die spätantik-frühmittelalterliche Stadt

    29 Die Romanen

    31 Die Burgunder

    33 Frühes Christentum

    38 Handel und Verkehr

42 Die romanisch-burgundische Westschweiz

    44 Von Gräbern, Funden und Gespenstern

    48 Das Gräberfeld von Riaz / Tronche Bélon im Kanton Freiburg

    58 Die romanische Trachtprovinz Nordburgund

    63 Friedhof und Grab

72 Die Franken, Europas neue Herren

    72 Ein Fest am Bernerring

78 Das Gräberfeld von Basel / Bernerring
90 Die Franken
96 Gesellschaft und Staat

100 Die Alamannen, Krieger, Siedler, Bauern

100 Irgendingen – ein alamannisches Bauerndorf
108 Die Alamannen
115 Stadt und Land, Haus und Hof
119 Das Leben auf dem Lande
125 Von Schmieden und anderen Handwerkern

129 Die Zeit der Karolinger

129 In der Klosterschule
137 Columban, Gallus und Otmar
144 Klöster und Mönche
144 Karl der Große und seine Zeit

152 Die Schweiz im Frühmittelalter – Rückblick und Ausblick

159 Anhang

159 Wer sucht, der findet
160 Ortsregister, Literatur, Bildnachweis

Das Frühmittelalter –

Vor rund fünfundzwanzig Jahren, als ich in Zürich die Mittelschule besuchte, hörte der Geschichtsunterricht mit dem Ende des Römischen Reiches auf und begann erst wieder mit der Herrschaft Karls des Großen. Die dazwischenliegenden Jahrhunderte, die Zeit des Frühmittelalters, hatten im Schulunterricht keinen Platz und wurden stillschweigend übergangen.

Die Zeit vom 5. bis zum 8. Jahrhundert war schon immer ein Stiefkind der Geschichtsschreibung und galt als ganz besonders dunkler Abschnitt der Menschheitsgeschichte. Im Vergleich zur Römerzeit mit ihrer wohlgeordneten Staatsverwaltung, ihrer fortgeschrittenen Technik und ihrer hohen Kultur erschien das Frühmittelalter als wildes, barbarisches Chaos und als primitive, finstere Zeit des Rückschritts und des Aberglaubens.

Dunkel mutete dieses Zeitalter die Historiker auch deshalb an, weil sie sehr wenig darüber wußten. Der reichen schriftlichen Überlieferung der Römerzeit, die nicht nur über die wichtigsten Ereignisse berichtete, sondern darüber hinaus auch viele Bereiche des täglichen Lebens hell ausleuchten konnte, stehen im Frühmittelalter einige wenige Aufzeichnungen gegenüber, die nur noch vereinzelte Schlaglichter auf das Leben der damaligen Zeit zu werfen vermögen.

Erst seit einigen Jahren befassen sich die Historiker – unterstützt durch die Archäologie – stärker mit dem Frühmittelalter. Diese Epoche begann zunehmend klarere Umrisse anzunehmen und das schlechte Ansehen zu verlieren. Man erkannte beispielsweise, daß die germanischen Völkerstämme, die seit dem 4. und 5. Jahrhundert ins Römische Reich einfielen und schließlich Teile davon besetzt hielten, keineswegs die Absicht hatten, die einheimische Bevölkerung auszurotten und die römische Kultur und Zivilisation restlos zu vernichten. Die neu entstandenen Reiche der Burgunder, Goten, Franken und Langobarden wiesen im Gegenteil noch zahlreiche spätantike Züge auf. Auch in Sprache und Kultur paßten sich die meisten Germanen rasch ihrer neuen Umgebung an. Man spricht deshalb besser von der «Umwandlung» als vom «Untergang» des Römischen Reiches. Erst allmählich veränderten sich Staat und Gesellschaft im Verlaufe des 6. bis 8. Jahrhunderts. Mit dem Aufstieg des Fränkischen Reiches der Karolinger entstand nördlich der Alpen ein neues Macht- und Kulturzentrum. In dieser Zeit wurden die Fundamente des europäischen Mittelalters gelegt. Das Abendland löste sich nach und nach von der antiken Mittelmeerwelt und wurde selbst zu einer Kraft, die den folgenden Jahrhunderten ihren Stempel aufdrücken konnte.

Der Mangel an zeitgenössischen Aufzeichnungen und Dokumenten – der Historiker spricht auch von «schriftlichen Quellen» – bleibt bestehen. Daran wird sich auch in Zukunft nicht mehr viel ändern. In diesem Sinne ist der Begriff vom «Dunklen Frühmittelalter» nicht ganz unberechtigt. Für das 6. Jahrhundert sind die Schriften Gregors von Tours – seinem Namen werden wir noch oft begegnen – praktisch unsere einzige Quelle. Gregor (um 538–595) entstammte einer aristokratischen, gallo-römischen Familie und war von 573 an Bischof von Tours in Westfrankreich. Seine «Zehn Bücher Geschichten» sind das wichtigste Geschichtswerk des Frühmittelalters überhaupt. Sie berichten nicht nur von den Taten der fränkischen Könige, sondern bringen uns auch die Menschen jener Zeit mit ihren Gefühlen, Freuden und Ängsten nahe. Allerdings müssen wir uns immer vor Augen halten, daß Gregor der Oberschicht angehörte. Was er beschreibt, ist die Welt der Großen und Mächtigen; über das Leben des kleinen Mannes, der großen Masse der Bevölkerung, erfahren wir aus seinen Schriften nur sehr wenig. Als Gallo-Römer oder Romane stand Gregor vielem Germanischen voreingenommen, wenn nicht gar völlig verständnislos gegenüber. So etwa verspottete er den ihm ohnehin verhaßten König Chilperich, weil dieser dem lateinischen Alphabet einige neue Buchstaben beifügen wollte. Dabei hatte Chilperich ganz richtig erkannt, daß sich gewisse Laute der germanischen Sprache, wie das englische «th», mit den vorhandenen Buchstaben nicht wiedergeben ließen.

Gregor von Tours lebte in einer seit Jahrhunderten romanisierten Umgebung. Den germanischen Osten des Frankenreiches kannte er nicht; dieser interessierte ihn offenbar auch kaum. Die Erwähnung schweizerischer Schauplätze in seinen Werken kann man fast an einer Hand abzählen. Dazu kommt,

Frühmittelalter bedeutet für viele immer noch Krieg und Chaos, ein Zeitalter des Schwertes, dem Kunst und Kultur völlig fremd waren. Neben dem Waffenschmied stand aber auch der Goldschmied in großem Ansehen. Seine Erzeugnisse zeigen den hohen Stand des Kunsthandwerks in dieser angeblich so barbarischen Zeit. Beispiel einer derartigen qualitätvollen Goldschmiedearbeit ist die nebenstehende Goldblechscheibenfibel mit den eingelegten, farbigen Glasstückchen.

eine Zeit der Finsternis?

daß diese Mitteilungen meist nicht sehr aussagestark sind. Wenn er schreibt, daß man im Genfersee einmal gegen hundert Pfund Forellen herausgezogen habe, so werden heutige Fischer vielleicht neidisch, ein Historiker hingegen kann damit wenig anfangen.

Es geht hier nicht darum, Gregor von Tours schlechtzumachen. Es ist aber sicher nützlich, sich an die Einschränkungen zu erinnern, denen jede Geschichtsschreibung unterliegt. Jeder, der sich mit Geschichte befaßt, läßt – bewußt oder unbewußt – persönliche Standpunkte, Neigungen und Überzeugungen in seine Arbeit einfließen. Das ist auch bei «Fundort Schweiz» so. Natürlich bemüht sich ein jeder, ein möglichst vorurteilsfreies Bild der Verhältnisse, Entwicklungen und Ereignisse zu zeichnen; aber es kann keiner über seinen eigenen Schatten springen. Absolute Objektivität, vollkommene Sachlichkeit in der Geschichte, das gibt es nicht. Wer das Gegenteil behauptet, der täuscht sich selbst.

Für das 7. und 8. Jahrhundert ist die schriftliche Überlieferung noch dürftiger als für das sechste. Das einzige Geschichtswerk jener Zeit, die sogenannte Fredegarchronik, die in Wirklichkeit von mehreren unbekannten Autoren verfaßt wurde, ist in vielem unzuverlässig und voller Lücken. Erst ganz am Ende des Frühmittelalters, in der Karolingerzeit, fangen die schriftlichen Quellen an, wieder reichlicher zu fließen.

Diesen spärlichen Berichten und Aufzeichnungen steht nun glücklicherweise ein sehr reichhaltiges archäologisches Quellenmaterial gegenüber. Die Archäologie kann in vielem Licht in das «Finstere Frühmittelalter» bringen. Ausgrabungen und Bodenfunde sind für zahlreiche Lebensbereiche der damaligen Zeit unsere einzige Informationsquelle.

In den letzten Jahren hat die Archäologie ihre Aussagemöglichkeiten wesentlich erweitern können. Heute interessieren sich die Ausgräber weniger für die Fundgegenstände, mögen diese noch so schön sein, als vielmehr für die Befunde. Ja, einige behaupten sogar, Fundgegenstände würden auf einer Ausgrabung nur stören und von den Befunden ablenken. Was versteht der Archäologe unter dem Begriff «Befund»? Der gute Detektiv befaßt sich ja auch nicht ausschließlich mit dem Opfer eines Mordes. Er sucht herauszufinden, mit wem der Ermordete verkehrte, in welchem Milieu er lebte, was seine Freunde und Bekannten über ihn dachten usw. Genauso beobachtet der Ausgräber heute, wo und wie ein Fund im Boden lag und welche anderen Gegenstände sich in seiner Nähe befanden. Er hält Bodenerhebungen, -senkungen und -verfärbungen sowie die Zusammensetzung, Lage und Abfolge der einzelnen Erdschichten fest. All diese Hinweise oder eben Befunde versucht er zu deuten und zu einem Gesamtbild zusammenzufügen. Hier erscheint eine weitere Eigenart der archäologischen Geschichtsquellen. Sie sind im Gegensatz zu schriftlichen Aufzeichnungen absolut objektiv, dafür aber auch stumm. Dies hat nun wieder den Vorteil, daß sie nicht lügen können, aber von sich aus erzählen sie keine Geschichte. Es ist dem Archäologen überlassen, seine stummen Zeugen zum Reden zu bringen und ihnen die Wahrheit zu entlocken.

Grundsätzlich gibt es zwei große Gruppen archäologischer Quellen: Siedlungen und Gräber. Beide sind nun allerdings im Frühmittelalter sehr unterschiedlich vertreten, denn bis heute hat man in der Schweiz nur sehr wenige Siedlungen jener Zeit gefunden. Der Grund liegt darin, daß die meisten damaligen Siedlungsplätze ohne Unterbruch in unsere heutigen Dörfer und Städte übergegangen sind. Die frühmittelalterlichen Überreste liegen entweder noch unter dem Beton und Teer unserer Plätze und Straßen, oder sie sind im Laufe der Zeit bei Bauarbeiten zerstört worden.

Ganz anders steht es mit der zweiten Quellengattung, den Grabfunden. Frühmittelalterliche Gräber gibt es in unserem Lande zu Tausenden. Allein aus «meinem» Kanton, dem Kanton Solothurn, sind weit über hundert Friedhöfe jener Zeit bekannt. Die geschichtliche Bedeutung dieser Gräber liegt darin, daß die Toten mit Beigaben ausgestattet worden sind. Fast zweihundert Jahre lang ist diese Beigabensitte, teilweise sehr beharrlich und konsequent, ausgeübt worden. Schmuckgegenstände, Waffen, Geräte, Werkzeuge und Gefäße, die in dieser Zeit in den Boden gelangten, sind für uns heute ein unermeßlich reiches Archiv der frühmittelalterlichen Geschichte. Natürlich ist uns nur erhalten geblie-

Die wichtigste Verzierungstechnik während des Frühmittelalters war das Tauschieren.

Das Ziermuster wurde gebildet, indem der Goldschmied feine Edelmetalldrähte – Gold oder Silber – in eine Grundplatte aus Eisen einlegte.

ben, was aus unvergänglichen Materialien – Metall, Glas, Ton – besteht, während Dinge aus Holz und Leder oder auch Textilien im Laufe der Zeit vermodert sind.

Die archäologischen Quellen können uns Auskunft geben über das Aussehen der Menschen, über Kleidung und Kleidungszubehör wie Gürtel, Schmuck und Waffen, was als Ganzes von den Archäologen oft als Tracht bezeichnet wird. Sie berichten uns über Technik, Handwerk, Landwirtschaft, Handel und Verkehr. Sie helfen mit, das Gesellschaftsgefüge zu ergründen, und ermöglichen uns Einblicke in Sitten und Gebräuche. Sie erschließen uns viele Bereiche des täglichen Lebens, die in der schriftlichen Überlieferung meist zu kurz kommen.

Die Archäologie liegt damit im allgemeinen Trend der Geschichtsschreibung. Diese kommt heute mehr und mehr von der reinen Darstellung der Ereignisse ab und wendet sich der Beschreibung des Alltagslebens zu. Der Ausspruch, in der Geschichte seien Helden wichtiger als die Durchschnittsmenschen, gilt heute nicht mehr. Die Geschichte wird damit auch für uns heutige Menschen wieder interessanter, denn sie kann uns zeigen, daß das Leben durchaus auch anders als in einer technisch-industriellen Welt bewältigt werden kann; und dies tut unserer Zeit, in der man sich rasch einmal auf sogenannte Sachzwänge beruft und versteift, nur gut.

Flugaufnahme des Gräberfeldes von Vuippens im Kanton Freiburg.
Nach der Art seiner regelmäßig angelegten Friedhöfe wird das Frühmittelalter etwa auch «die Reihengräberfelderzeit» genannt.

Für keinen anderen Abschnitt der Frühgeschichte unseres Landes sind die Archäologen dermaßen auf die Grabfunde angewiesen, die praktisch die einzige Informationsquelle darstellen. Fast alles, was wir über das Leben der damaligen Menschen wissen, verdanken wir der archäologischen Untersuchung von Gräbern und Friedhöfen.

Von der Spätantike

Eine Handelsreise nach Genf

«Ursus, Victor, aufstehen, es ist höchste Zeit!»
Um ihren Worten Nachdruck zu verleihen, zieht Sophia ihren beiden jüngeren Brüdern die Bettdecke weg.
«Beeilt euch und kommt schnell herunter zum Frühstück. Vater ist schon lange auf und beinahe reisefertig. Einer der Knechte holt inzwischen den Priester Aviculus.»
Der Geistliche will den Händler Bregerius und seine Kinder Sophia, Ursus und Victor auf der Reise von Salodurum (Solothurn) nach Genava (Genf) begleiten. Als ihn Bregerius, einer der angesehensten und reichsten Männer des Städtchens, vor einigen Tagen aufsuchte, um Schutz und Segen für die Reise nach Genava zu erbitten, benutzte der Priester die Gelegenheit, den Kaufmann seinerseits um einen Gefallen zu bitten.

«Lieber Bregerius», sagte er. «Es ist schon lange mein Wunsch, dem Grabe des heiligen Märtyrers Victor, das sich früher in unserer Stadt befunden hat, wieder einmal meine Huldigung darzubringen. Wenn deine Geschäfte dich nach Genava führen, so laß mich dein Reisegefährte sein. Der Schutz des Herrn wird dir und deiner Familie gewiß sein.»

So kommt es, daß der Kaufmann und der Priester an einem schönen Morgen miteinander aus dem Städtchen Salodurum reiten. Ihnen folgt ein schwerer, von Ochsen gezogener Gepäckwagen. Mit lautem Gepolter rollt er über die Holzbrücke, die außerhalb des Stadttores ans andere Ufer der Aare führt. Dann schwenkt die kleine Karawane auf die alte, nach Westen führende Landstraße ein. Die Straße ist zwar bereits einige hundert Jahre alt. Da sie sehr solide gebaut worden ist, kann sie immer noch benutzt werden. Streckenweise ist sie aber in sehr schlechtem Zustand, so daß die Kinder, die auf dem Ochsenwagen sitzen, heftig durchgeschüttelt werden. Trotzdem haben sie es besser als die Sklaven, die zu Fuß neben dem Wagen hergehen müssen.
In der Nähe von Petinesca am Bielersee wird die Reisegruppe von Grandus, der ebenfalls aus Salodurum stammt, erwartet. Grandus besitzt ein Personenschiff und zwei Lastkähne. Er und seine Ruderknechte werden die Reisenden über den Bieler- und Neuenburgersee und dann noch ein Stück flußaufwärts bis nach Urba (Orbe) führen. Die ganze Gruppe genießt die erholsame Seereise. Aviculus benützt die Gelegenheit, den gut aufgelegten Bregerius um einen weiteren Gefallen zu bitten: «Mit Gottes Hilfe ist unsere Reise bis hierher gut verlaufen. Wir sind von Dieben und Wegelagerern verschont geblieben. Mit deinem Einverständnis würde ich gerne meine Glaubensbrüder besuchen, die nicht weit von Urba entfernt ein Kloster errichtet haben. Der Umweg ist nicht groß, wir werden nur wenig Zeit verlieren. Wer weiß, vielleicht ergibt sich für dich sogar die Gelegenheit, ein gutes Geschäft zu machen. In dieser Gegend gibt es Eisenschmelzer. Unser Meister Rollus in Salodurum ist dir sicher dankbar, wenn du Eisen für seine Schmiede mitbringst.» Bregerius ist zuerst von der Bitte des Priesters nicht sehr begeistert. Aber schließlich hat dieser nicht ganz unrecht. Die Reise ist bisher wirklich ohne Probleme verlaufen. Vielleicht gerade deshalb, weil er den Priester mitgenommen hat; es ist daher wohl besser, ihm seinen Willen zu lassen. Und die Aussicht, ein zusätzliches Geschäft machen zu können, ist auch nicht schlecht. Schmiedeeisen ist in Salodurum schon lange Mangelware.
So nimmt die Reisegruppe nach der Landung in Urba nicht den direkten, nach Lousonna (Lausanne) führenden Weg, sondern biegt nach Westen zum Kloster hin ab. Der Weg führt durch einen dichten Wald. Nach knapp zwei Stunden stehen Ursus und Victor, die den anderen weit vorausgeeilt sind, am Rande einer großen Lichtung. In ihrer Mitte liegt das Kloster. Die einfachen Holzhäuser, in denen die Mönche untergebracht sind, werden von einer kleinen, weißgetünchten Kirche überragt.
Unterdessen sind auch Bregerius und die anderen angekommen. Aviculus geht voran und erkundigt sich nach Augustus, dem Abt und Vorsteher der

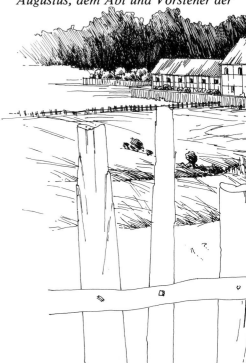

zum Frühmittelalter

Mönche. Dieser ist gerne bereit, die Reisenden zu beherbergen.
«Wir haben genügend Platz», erklärt er. «Ein paar Mönchszellen stehen leer, seit einige unserer Brüder auf Geheiß des Königs in das neu gestiftete Kloster von Agaunum (St-Maurice) umziehen mußten.»
Bregerius möchte vom Abt wissen, ob zurzeit Eisenschmelzer in der Nähe arbeiten. Wie die meisten Leute damals hält auch der Klostervater nicht viel von den Schmieden. Ihre mit viel Rauch, Gestank und Krach verbundene Arbeit ist ihm unheimlich. Die Schmiede werden von den Mönchen «schwarze Teufel», ihr Handwerk «Teufelswerk» genannt. Schließlich läßt sich Augustus doch dazu bewegen, Bregerius den Weg zu den Schmelzöfen zu zeigen.
Am nächsten Tag bleibt Aviculus bei den Mönchen, während Bregerius und seine Kinder sich auf die Suche nach den Eisenschmelzern machen. Die warnenden Worte des Abtes haben ihre Wirkung zwar nicht verfehlt, aber die Neugierde der Kinder und der Geschäftssinn des Vaters sind schließlich doch stärker. Nach der Beschreibung des Abtes liegen die Eisenöfen nur eine knappe leuga (2,2 km) entfernt. Zunächst führt sie der Weg durch den Wald, doch bald erreichen sie eine frisch abgeholzte Lichtung. Große, mehr als armlange Holzscheite sind

hier zu riesigen Stapeln aufgeschichtet. Plötzlich schrecken die Kinder zurück. Vor ihnen erheben sich vier große Erdhügel, aus denen heller Rauch quillt. Zwei Männer, beide fast nackt und völlig schwarz, gehen von Hügel zu Hügel und stechen mit langen Stangen hinein, worauf noch mehr Rauch aufsteigt.
«Sie lassen das Höllenfeuer heraus», flüstert Ursus, der sich vorsichtshalber hinter dem Vater versteckt.

Bei der Unterkellerung eines Altstadthauses ist in Solothurn ein Eckturm des spätantik-frühmittelalterlichen Castrums freigelegt worden.
Bereits während des Baus ist das Turmfundament im weichen Baugrund - die Aare floß damals in unmittelbarer Nähe vorbei - seitlich gekippt und mußte abgestützt werden. Der «Krumme Turm», eines der Wahrzeichen Solothurns, hat schon einen Vorläufer gehabt! Das schiefe Turmfundament ist links im Bild zu sehen. Zwischen Turm und Castrumsmauer befindet sich eine kleine Fluchtpforte (Bildmitte). Die mächtigen, rechteckigen Quader in den Fundamenten stammen aus älteren römerzeitlichen Gebäuden. Als Spolien (d.h. geraubte Steine) sind sie in die Castrumsmauer eingebaut worden.

Der Friedhofplatz in Solothurn. Am rechten Bildrand (unter der Laterne) ist ein kümmerlicher Rest der Castrumsmauer zu erkennen. Das Haus in der Bildmitte steht über der ehemaligen Stephanskapelle, in der frühmittelalterliche Gräber gefunden worden sind.

Das Farbbild auf der vorangehenden Doppelseite zeigt ungefähr den gleichen Bildausschnitt wie das Foto.

«*Das sind doch Köhler*», entgegnet dieser lachend. «*Die beiden stellen Holzkohle her, die man zum Eisenschmelzen braucht. Sie schichten die Holzscheite zu einem Hügel auf und decken ihn mit grünen Tannenzweigen, Erde und Grassoden ab. Dann zünden sie das Ganze von oben her an und stechen von Zeit zu Zeit neue Abzugslöcher in die Kohlemeiler hinein. Aber du hast recht, die beiden sehen wirklich furchterregend aus.*»

Die vermeintlichen Teufel erweisen sich sogar als ausgesprochen freundlich und bieten sich an, die Gruppe zu den Schmieden zu führen. Sie wollen mit Venatorius, so heißt der Chef der Eisenschmelzer, ebenfalls über Geschäftliches sprechen. Wie die Köhler, so wirken auch die rußgeschwärzten Schmiede auf den ersten Blick unheimlich. Es herrscht eine unglaubliche Hitze, und der starke Rauch brennt in den Augen. Venatorius gibt seinen Gehilfen noch einige Anweisungen, und die Gäste haben Zeit, die Schmelzöfen in aller Ruhe anzuschauen. Zunächst sehen sie lediglich einen großen, an den Hang angelehnten Block aus sauber aufgeschichteten und mit Lehm ausgefugten Steinen. Erst bei genauerem Hinsehen fällt ihnen auf, daß dieses Steinmassiv innen teilweise hohl ist und zwei nach oben offene Schächte aufweist. Einer der Öfen hat auch nach vorne ein Loch, das so groß ist, daß ein Kind bequem ins Innere kriechen kann. Beim zweiten Schacht ist das Ofenloch mit Steinen und Lehm zugemauert. Mit dem Pickel legt ein Gehilfe die Öffnung wieder frei. Beißender Rauch

Die Gegend von Romainmôtier, Kanton Waadt, ist bereits seit der Jüngeren Eisenzeit ein Zentrum der Eisenverhüttung gewesen. Auch während der Römerzeit und dem Frühmittelalter rauchten hier die Schmelzöfen. Die beiden gut erhaltenen Öfen können noch heute besichtigt werden, denn rund um sie herum hat man an Ort und Stelle einen Schutzbau errichtet.

dringt heraus. Die starke Hitze läßt die Besucher unwillkürlich zurücktreten. Mit großen Zangen versuchen zwei Schmiede, den rauchenden und stellenweise noch glühenden Eisenklumpen, der sich am Boden des Schmelzofens gebildet hat, herauszuziehen und ihn auf eine wenige Meter neben dem Ofen liegende Unterlage aus Steinen zu zerren. Mit schweren Hämmern machen sie sich nun daran, den Brocken in Stücke zu zerschlagen. Venatorius erklärt den Gästen, daß aus der Luppe, so nennt er den Eisenklumpen, noch keine Werkzeuge gemacht werden können. Die Luppe besteht nämlich nicht nur aus Eisen, sondern aus einem zusammengebackenen Gemisch aus Eisen, Schlacke und Holzkohle. Damit das brauchbare Metall herausgelesen und zu einem Barren verschmiedet werden kann, muß die Luppe zertrümmert werden.

Inzwischen ist der zweite Ofen zum Brand vorbereitet worden. Auf einem Holzkohlefeuer werden grobe Eisenerzstücke vorgewärmt, «geröstet», wie Venatorius in seiner Fachsprache sagt. «Woher weißt du denn, daß diese Steine Eisen enthalten?» will Ursus wissen.

«Das hat mir mein Vater gezeigt», antwortet Venatorius, «und er hat es wiederum von seinem Vater gelernt. Wir wissen auch genau, wo wir dieses Gestein finden können. In der Gegend hier gibt es viel davon.»

Ein Gehilfe hat unterdessen das Ofenloch bis auf einen kleinen Spalt zugemauert. Ein anderer wirft von oben abwechslungsweise Holzkohle und Eisenerz in die Brennkammer. Venatorius überprüft nochmals, ob alles in Ordnung ist, und macht dann Feuer im Ofen. Den ganzen Tag über wird das Feuer nun brennen; ununterbrochen muß der Blasebalg geschlagen werden. Venatorius verteilt die weitere Arbeit. Der Gehilfe am Blasebalg wird regelmäßig abgelöst, von Zeit zu Zeit müssen Holzkohle und Eisenerz nachgefüllt werden, und schließlich ist dafür zu sorgen, daß immer genügend Wasser zum Trinken und Abkühlen vorhanden ist.

Staunend haben Bregerius und seine Kinder bei der Arbeit zugesehen. Sie können nun verstehen, warum die Eisenschmiede dem frommen Abt nicht ganz geheuer erscheinen. Überall herrscht ein unglaublicher Krach. Das laute, in den Ohren nachhallende Dröhnen der Schmiedehämmer vermischt sich mit dem rhythmischen Zischen des Blasebalgs, der in rasendem Tempo geschlagen wird. Die glühende Hitze, die der Ofen ausstrahlt, wird immer unerträglicher. Die ohnehin schon rußerfüllte Luft wird jetzt zusätzlich von beißendem Schwefelgestank verpestet. Kein Wunder, daß die Schmiede den frommen Mönchen so erscheinen, als seien sie direkt der Hölle entsprungen. Inzwischen hat Bregerius endlich Gelegenheit gefunden, mit Venatorius über kommende Geschäfte zu reden. Venatorius verspricht, bis zur Rückkehr des Händlers 50 Pfund Eisen – das sind etwas mehr als 16 Kilo – bereitzuhalten. Der Kaufpreis soll erst dann festgelegt werden. Vielleicht wird sich auch ein Tauschgeschäft machen lassen, je nachdem, welche Waren Bregerius in Genava erstehen kann.

Zwei Tage später erreicht die Gruppe mit einem in Lousonna gemieteten Schiff ihr Ziel.

«Welch eine riesige Stadt!» staunt Ursus. «Ich habe immer gemeint, wir hätten zu Hause die größte und höchste Stadtmauer, aber die hier ist mindestens hundertmal so groß.»

«Du übertreibst natürlich wieder gewaltig», wendet der Vater ein, «aber vier- bis fünfmal so groß wie Salodurum ist Genava schon.»

Die von einem mächtigen Mauerring umgebene Stadt erhebt sich auf einem Hügel, dort, wo der See aufhört und in die Rhone übergeht. Kurz vor einer mächtigen Holzbrücke, die die Stadt mit dem nördlichen Ufer verbindet, legen die Reisenden inmitten von anderen Schiffen an. Hier unten am Fluß liegen die Wassermühlen, Werkstätten und Lagerschuppen. Auch Kneipen und billige Herbergen gibt es in diesem Viertel. Der begüterte Bregerius hat es allerdings nicht nötig, hier sein Quartier zu suchen. Er kann für einige Tage bei Danerich wohnen, einem Geschäftsfreund, dessen Haus selbstverständlich oben in der Stadt steht. Danerich begrüßt die Reisenden freundlichst und bringt sie in seinen besten Gästezimmern unter. Sie bestaunen die luxuriöse Ausstattung des Hauses. Ganz besonders bewundern sie den schönen Mosaikboden im Empfangszimmer. So etwas gibt es in Salodurum nicht. Stolz behauptet Danerich, seine Mosaiken seien fast so schön wie diejenigen im Bischofspalast.

Nach dem Nachtessen sitzen Danerich, Bregerius und Aviculus noch bei einem Becher Wein beisammen. Danerich teilt seinem Geschäftsfreund mit,

daß er für seine Reise keinen günstigen Zeitpunkt ausgesucht habe.
«Die Franken, die schon seit einiger Zeit zu unserem Feind geworden sind, bedrohen uns wieder einmal. Ich kann euch erzählen, wie es soweit gekommen ist: Nachdem unser König Sigismund seine erste Gemahlin verloren hatte, die eine Tochter des großen Theoderich von Italien war, vermählte er sich erneut. Sigerich, der Sohn aus erster Ehe, und seine Stiefmutter lebten in ständigem Hader. An einem Festtag machte ihr Sigerich Vorwürfe, weil sie Kleider und Schmuck trug, die einst seiner leiblichen Mutter gehört hatten. In ihrer Wut gelang es der Stiefmutter, den König gegen seinen eigenen Sohn aufzuhetzen. Sie behauptete nämlich, Sigerich wolle ihn umbringen, um selber König zu werden. Durch solche Reden verführt, wurde Sigismund zum Kindesmörder.»
Der Priester Aviculus bekreuzigt sich bei diesen Worten, und Danerich fährt fort: «Als der Jüngling einmal vom Wein berauscht war, befahl ihm der König, sich nach dem Mahl zur Ruhe zu legen. Im Schlafe ließ er ihn von zwei Dienern erdrosseln. Erst nach der ruchlosen Tat packte den Vater die Reue. Bei den heiligen Vätern von Agaunum suchte er durch Fasten und Beten Vergebung. Die Königin Chrodechilde jedoch, die Witwe des Frankenkönigs Chlodwig – sie stammt selbst aus unserem Land –, hat diese Mordtat zum Anlaß genommen, ihre Söhne zum Krieg gegen Burgund aufzuhetzen. Jeden Tag treffen mehr Flüchtlinge aus dem Innern des Landes hier in Genava ein. Du wirst es nicht leicht haben, Bregerius, noch Waren zu einem vernünftigen Preis einzukaufen. Viele Händler nutzen die schwierige Lage aus und verlangen Wucherpreise. Für eine Amphore Wein bezahlt man heute bereits das Doppelte als noch vor einem Monat.»
Am anderen Morgen sind Bregerius und Danerich schon früh unterwegs. Bregerius will versuchen, Öl, Fett, Salz und Wein einzukaufen. Zudem hofft er, auch Kleider oder doch wenigstens einige Stoffballen erstehen zu können. Vielleicht findet er auch einen jüdischen Händler, der ihm einige der so seltenen und begehrten Gewürze aus dem Orient verschaffen kann. Zuerst suchen sie den Weinhändler Bonnus auf. Von ihm weiß Danerich, daß er erst vor kurzem eine größere Lieferung italienischen Weines erhalten hat. Meistens sind bei ihm auch griechische oder syrische Weine erhältlich. Bregerius muß einige Goldstücke mehr springen lassen, als er eigentlich geplant hatte. Will er für seine übrigen Einkäufe noch genügend Geld haben, wird er wohl einen seiner Sklaven verkaufen müssen.
Zurück auf der Straße, wird Bregerius von einem Fremden angesprochen, der ihm Wein zu einem sehr günstigen Preis zum Kauf anbietet.
«Halt, Bregerius», mischt sich da Danerich ein, «laß dich ja nicht mit diesem Kerl ein. Das ist ein ganz übler Geselle. Man verdächtigt ihn schon lange, daß er seinen Wein mit Wasser verdünnt. Leider hat man es ihm bis jetzt noch nie nachweisen können. Der Himmel möge ihn dafür strafen.»
Auch bei den übrigen Einkäufen erweist sich Danerich als große Hilfe. Er stellt Bregerius sogar einen Lagerschuppen zur Verfügung, in dem er seine Einkäufe bis zur Abreise lagern kann. Langsam füllt sich der Raum. Neben den schlanken Weinamphoren stehen nun auch einige dickbauchige Ölamphoren aus Spanien. Kleine Fäßchen mit Öl oder Salz sind aufeinandergestapelt, und mehrere zusammengeschnürte Stoffballen lehnen an der Wand. Von einem Altwarenhändler hat Bregerius einige Pfund Altmetall, vor allem Bronze und sogar etwas Silber, erstehen können. Sie sind für Nugarolus, den Feinschmied zu Hause in Salodurum bestimmt. Zufrieden betrachtet Bregerius seine Einkäufe. Er will möglichst bald wieder aufbrechen, denn er möchte nicht in den bevorstehenden Krieg hineingeraten.
Die Kinder haben unterdessen mit Brilimar, dem jüngsten Sohn des Hausherrn, Bekanntschaft geschlossen. «Weshalb habt ihr eigentlich in eurer Familie so seltsame Namen?» will der

Der Plan vermittelt einen Eindruck von der lebhaften Bautätigkeit im Kirchenbezirk der Stadt Genf vom 4. bis zum 6. Jahrhundert. Hier wuchs eine eigentliche Stadt in der Stadt heran, die schließlich mehr als einen Drittel des ummauerten Gebietes einschloß.

 1 = Stadtmauer
 2 = spätrömische Gebäude
 3 = älteste Kathedrale
 4 = Nordkathedrale
 5 = Südkathedrale
 6 = Taufgebäude
 7 = zweites Taufbecken
 8 = Säulengang
 9 = Empfangssaal
10 = Bischofspalast
11 = Bischofskapelle
12 = Dreiapsidenkirche
13 = romanische Krypta

schwarz = 3./4. Jahrhundert
rot = 4. Jahrhundert
orange = 5. Jahrhundert
gelb = 6. Jahrhundert
hellgelb = 10./11. Jahrhundert

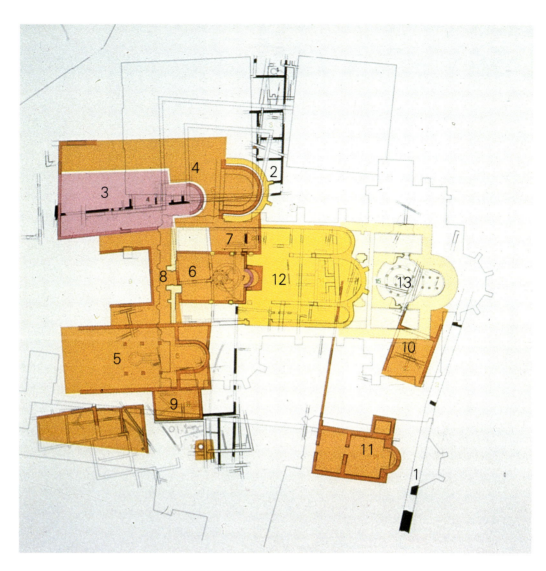

neugierige Ursus unvermittelt wissen. «Unsere Familie ist burgundischen Ursprungs, und wir wollen dies nicht ganz vergessen», erklärt Brilimar. «Deshalb tragen die meisten in der Familie noch alte Namen. Mein Urgroßvater hat zu jenen aus unserem Stamm gehört, die vor vielen Jahren hier angesiedelt wurden. Aber mein Großvater ist schon in dieser Gegend zur Welt gekommen. Er erzählte mir, daß unsere Familie mit einer einheimischen Familie zusammen etwas außerhalb von Genava am See gewohnt hatte. Von diesen Leuten haben wir einen Teil des Hauses und der Felder übernehmen können. Dafür waren wir Burgunder für den Schutz des Landes gegen Räuber- und Kriegerhorden verantwortlich. Großvater ist dann in die Stadt gezogen. Er wollte lieber Händler werden. Er hat eine Frau aus der Gegend geheiratet und ist selber schon ein richtiger Romane geworden. Heute erinnern fast nur noch unsere Namen an die burgundische Herkunft.»
Brilimar ist ein ausgezeichneter Fremdenführer. Er weiß, wo es etwas Interessantes zu sehen gibt. So schauen die Kinder lange Zeit einem Silberschmied

Ein Ausschnitt aus dem Mosaikfußboden des Empfangssaales (Nr. 9 des Planes). Siehe auch nächste Seite oben.

Der Mosaikfußboden des Empfangssaales, der an die südliche Kathedrale angebaut war. Unter dem Fußboden verlegte Heizkanäle ermöglichten es, den Raum zu erwärmen.

Ein Blick in die Kathedrale von Genf während der Ausgrabung.
Zwischen den mächtigen Pfeilerfundamenten der heutigen Kirche erscheint eine verwirrende Fülle älterer Fundamentsockel, Mauern und Böden. Zwischen den beiden Pfeilern links im Bild erkennen wir ein Taufbecken (2). Ein zweites Taufbecken, das sich in einem Nebenraum des Taufgebäudes befand, ist am oberen Bildrand zu sehen (1).

In einem Nebengebäude des Bischofspalastes ist ein zerbrochenes Bleimodell einer großen Bügelfibel gefunden worden. Wir haben das Modell ergänzt und versucht selber eine Fibel zu gießen. Einen der abgebildeten Arbeitsgänge könnten Sophia und ihre Brüder beobachtet haben.

Zuerst wird das Fibelmodell in einen Tonklumpen gepreßt, bis Umriß und Relief sauber abgeformt sind. Auf das Ganze wird ein zweiter Tonklumpen gedrückt, so daß auch die Unterseite abgeformt wird. Damit die Tonformen nicht aneinanderkleben, werden sie mit Kohle, Graphit oder Talkpulver bestäubt. In die Formschalen werden ein Gußtrichter und Luftabzugskanäle eingeschnitten.

Zum Gießen werden die getrockneten Tonformen straff zusammengebunden. Für unseren Gußversuch haben wir Zinn verwendet, in Wirklichkeit wurden derartige Fibeln aus Gold oder Silber hergestellt. Nach dem Abkühlen kann der Rohguß aus den Tonschalen herausgelöst werden. Mit Säge, Zange und Feile werden Gußreste entfernt. Das Relief wird mit einem Stichel nachgeschnitten. Schließlich wird die Oberfläche noch poliert. Auf der Unterseite werden Nadel und Nadelhalter angelötet, damit die Fibel auch wirklich getragen werden kann.

Bauinschrift des burgundischen Königs Gundobad aus Genf.
Der Text lautet übersetzt etwa wie folgt:
Gundobadus, allergnädigster König, (hat) auf seine Kosten (diese Mauer, dieses Gebäude) vergrößert.

zu, der gerade eine große Fibel, eine Gewandnadel, herstellt, wobei ihm ein aus Blei gegossenes Modell als Vorlage dient.

Am liebsten sind die Kinder aber ganz oben auf dem Stadthügel bei den Kirchen und dem Bischofspalast, wo sich im Moment eine riesige Baustelle befindet. Hier gibt es natürlich sehr viel zu bestaunen. Während ein Teil der Bauarbeiter noch dabei ist, altes Mauerwerk abzubrechen, heben andere schon die neuen Fundamentgräben aus. Noch brauchbare Steine aus dem alten Bau werden laufend in die neuen Fundamente eingebaut. Auf schwankenden Gerüsten stehend, bauen die Maurer das neue Mauerwerk auf. Mit Seilwinden werden die schweren Bausteine und die mit Mörtel gefüllten Kessel hochgezogen. Der Grundriß des entstehenden Gebäudes ist bereits erkennbar. Es wird quadratisch sein und rund 20 mal 20 Meter messen. Auf seiner Ostseite ist schon eine große, mit zwei Strebepfeilern verstärkte Mittelapsis erkennbar, die links und rechts von zwei kleineren Choranbauten flankiert wird.

Neben der Baustelle ragt der mächtige, gewölbte Chor der Petruskirche empor; er ist, wie Brilimar erzählt, erst vor einigen Jahren erbaut worden. Der Junge deutet auf einen in die Kirchenmauer eingelassenen Inschriftstein.

«G, U, N, Gun... Gundobadus», beginnt der kleine Ursus, der eben erst lesen und schreiben lernt, mühsam zu buchstabieren.

«Bis du fertig wirst, wird die Kirche ja schon wieder abgebrochen», unterbricht ihn seine ältere Schwester. «Hier steht, daß der allergnädigste König Gundobadus auf eigene Kosten diese Kirche erweitert hat.»

Während die Kinder in der Stadt auf Entdeckungsrundgang sind und Bregerius um Waren feilscht, sucht der Priester Aviculus die außerhalb der Stadtmauer gelegene Gedächtniskirche des Märtyrers Victor auf. Nach dem Weg dorthin braucht er nicht zu fragen. Den weisen ihm die vielen Menschen, die Kranken und Gebrechlichen, die das gleiche Ziel haben wie er. Sie alle wollen am Grab des Heiligen beten; sie alle erhoffen sich, von ihren Leiden geheilt zu werden. Aviculus muß viel Geduld aufbringen, bis er endlich im Innern der Kirche vor dem Sarkophag des Heiligen steht. Aus dem Saum seines Gewandes reißt er ein kleines Stück Stoff heraus, um es auf die Grabplatte zu legen. Er kniet nieder und betet. Durch die Berührung mit dem Heiligengrab und durch das Gebet soll sich das gewöhnliche Stücklein Tuch in eine Reliquie verwandeln. Aviculus weiß auch schon ganz genau, wo er den heiligen Gegenstand, der ihn in Zukunft schützen wird, aufbewahren will. Vor der Victorskapelle hat er nämlich einen aus dem südlichen Rhonetal kommenden Priester getroffen, der einen Gürtel mit einer Schnalle aus Knochen trug. In der rechteckigen Gürtelplatte befinde sich ein kleiner Hohlraum, der eine Baumwollblütenkapsel aus dem Heiligen Land berge, hat der fremde Geistliche erzählt. Eine ähnliche Gürtelschnalle will Aviculus sich nun auch anfertigen lassen. Er sucht in der Stadt einen Knochenschnitzer auf und beschreibt ihm, was er gerne haben möchte.

«Solche Schnallen habe ich auch schon gesehen», sagt der Handwerker und legt den Knochenkamm, an dem er gerade arbeitet, beiseite. «Ich habe

Ein verzierter Knochenkamm aus Genf, 5./6. Jahrhundert.

allerdings selber noch nie so etwas geschnitzt.»

Aviculus wünscht sich Menschen und Fabelwesen auf der Beschlägplatte, wie er sie auf der Schnalle des Fremden gesehen hat. Er ist allerdings gar nicht einverstanden mit dem Preis, den der Knochenschnitzer für eine derartige Arbeit verlangt. Schließlich einigen sich die beiden auf eine wesentlich einfachere Verzierung, ähnlich der, die der Schnitzer auf seinen Kämmen anbringt. Das sind dann einfache Kreismuster oder Rosetten, die mit dem Gravierzirkel eingeritzt werden, oder mit dem Stichel eingeschnittene, schraffierte Felder oder Gittermuster. Sobald der Kamm fertig ist – es müssen daran nur noch die Zinken ausgesägt werden –, will der Knochenschnitzer die Gürtelschnalle in Angriff nehmen.

Aber Aviculus wird ohne den neuen Gürtel nach Hause fahren müssen.

Denn kaum ist er zum Hause des Händlers Danerich zurückgekehrt, trifft in Genava die Schreckensnachricht ein, daß das Heer der Burgunder von den Franken geschlagen worden sei und der König sich auf der Flucht befinde. Flüchtlinge, die das Rhonetal heraufgekommen sind, haben die Hiobsbotschaft mitgebracht, die sich wie ein Lauffeuer in der Stadt verbreitet. Auch Bregerius, der gerade um einige Fäßchen Öl feilscht, erfährt davon. Er läßt seinen Geschäftspartner mit dem Öl kurzerhand stehen und eilt zur Baustelle bei der Kathedrale, wo er seine Kinder vermutet.

«Wir müssen sofort aufbrechen!» ruft er ihnen schon von weitem zu. Danerich versucht, seinen Freund zu überzeugen, daß er in der ummauerten Stadt am sichersten sei. Bregerius will davon aber nichts wissen:

«Wenn wir sofort abreisen, sind wir in Sicherheit, bevor der erste Franke hier auftaucht. Wer weiß, ob es ihnen mit diesem Kriegszug überhaupt ernst ist. Vielleicht wollen sie, wie auch früher schon, nur möglichst viel Beute machen und wieder verschwinden. Meine Knechte und ich sind bewaffnet; mit herumstreunenden Plünderern werden wir schon fertig. Den größten Teil der Reise legen wir ohnehin auf dem Wasser zurück, wo uns diese Wegelagerer nicht viel anhaben können.»

So werden die eingekauften Waren in aller Eile auf Lastkähne verladen, die Danerich großzügig zur Verfügung stellt. Über Lousonna und Urba, wo der Schmied Venatorius sein Schmiedeeisen gegen einige Amphoren Wein eintauscht und die Reisenden für den Rest des Weges wieder das Schiff besteigen können, kehrt der Kaufmann Bregerius mit seinen Kindern wohlbehalten nach Salodurum zurück.

Auf einer heutigen Stadtansicht nimmt sich die frühmittelalterliche Stadt Genf (vorangehende Doppelseite) sehr bescheiden aus. Dennoch war Genf damals die größte und wichtigste Stadt unseres Landes. Das befestigte Zentrum (1) lag auf einem Hügel zwischen Rhône und Arve. Östlich der Stadt lag eine dem heiligen Victor geweihte Gedächtniskirche (2). Aus einer Gedächtnisstätte in einem Gräberfeld entwickelte sich die spätere Madeleine-Kirche (3).

Die spätantik-frühmittelalterliche Stadt

Die handelnden Personen der Erzählung, Bregerius, Aviculus und wie sie alle heißen, sind selbstverständlich frei erfunden. Doch der erwähnte Krieg zwischen den Burgundern und Franken – der Anlaß für die überstürzte Abreise des Händlers aus Genf – hat im Jahre 523 tatsächlich stattgefunden, und auch sonst stützt sich die Geschichte auf Fakten. Bregerius und seine Kinder lebten in einem städtischen, noch sehr stark von der spätantiken Kultur geprägten Milieu. Für jene Epoche sei auf die ausführliche Darstellung im dritten Band der Fundort-Reihe, «Die Römerzeit» von Stefanie Martin-Kilcher und Marc Zaugg, verwiesen. Wir begnügen uns hier mit einer kurzen Zusammenfassung.

Seit der zweiten Hälfte des 3. Jahrhunderts vollzog sich ein tiefgreifender, alle Lebensbereiche erfassender Wandel der römischen Welt. Auch die Siedlungsstruktur veränderte sich in dieser Zeit. Als Folge der wiederholten Germaneneinfälle wurden immer mehr offene Siedlungen aufgegeben.

Im späten 3. und im 4. Jahrhundert entstanden zahlreiche Kastelle, die nicht nur militärischen Zwecken dienten, sondern auch der Bevölkerung Schutz und Sicherheit bieten konnten. Diese spätantiken Kastellstädte bildeten auch im Frühmittelalter die einzigen städtischen Zentren. Die mit Abstand größten Siedlungen dieser Art in der Schweiz waren Genf und Kaiseraugst bei Basel mit 5,5 beziehungsweise 3,5 Hektaren Ausdehnung. Solothurn mit einer Fläche von 1,4 Hektaren – das entspricht ungefähr der Größe von zwei Fußballfeldern – war bereits wesentlich kleiner, und die meisten der bis heute bekannten fünfundzwanzig Kastellstädte waren sogar noch kleiner. Für einige Orte ist eine frühmittelalterliche Besiedlung wahrscheinlich, aber (noch) nicht nachgewiesen. Schätzungen rechnen mit 150 bis 200 Einwohnern pro Hektar. Dies ergäbe im 5. und 6. Jahrhundert für die ganze Schweiz eine städtische Bevölkerung von 5000 bis 8000 Personen. Eine sehr geringe Zahl also, wenn wir bedenken, daß allein für Augst im 2. Jahrhundert mit rund 20 000 Einwohnern gerechnet wird.

Die Bevölkerung muß in der Spätantike sehr stark abgenommen haben. Die vermögende, wirtschaftlich sehr bedeutsame Schicht der Großgrundbesitzer zog sich aus den unsicheren Grenzregionen ins Innere des Römischen Reiches zurück. Kriege, Seuchen und Hungersnöte dezimierten die Bevölkerung. Besonders in der Nord- und Ostschweiz müssen größere Landstriche weitgehend verlassen worden sein. Die einzigen Besiedlungsinseln bildeten Kastellstädte wie Windisch, Zürich, Pfyn oder Arbon. Etwas anders scheinen die Verhältnisse in der Westschweiz gewesen zu sein. Bis weit ins 5. Jahrhundert hinein haben hier noch einzelne Gutshofbetriebe nach römischer Art weiterbestanden. Der Urgroßvater des in unserer Erzählung auftretenden Brilimar ist mit seiner Familie auf einem solchen Gutshof angesiedelt worden. Wir werden später noch darauf zurückkommen.

Die Romanen

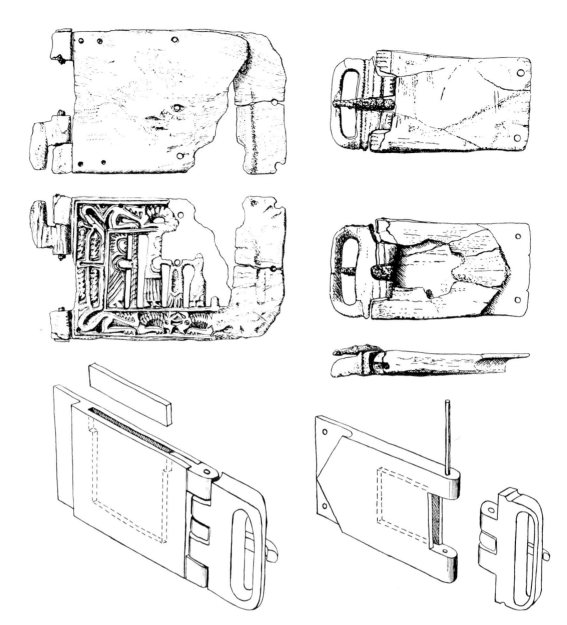

Verschiedene Ansichten von zwei Gürtelschnallen aus Knochen. Beide Schnallen weisen einen Hohlraum auf, der eine Reliquie, einen kleinen Stofffetzen – etwas Erde oder einige Pflanzenfasern – aufnehmen konnte. Die Schnalle links kommt aus dem Gräberfeld von Elisried bei Schwarzenburg (siehe Seite 58), die Schnalle rechts aus dem großen Gräberfeld von Kaiseraugst.

In den Kastellstädten – in der Westschweiz teilweise auch auf dem Lande – lebte im Frühmittelalter die einheimische gallo-römische Bevölkerung weiter. In Übereinstimmung mit zeitgenössischen Quellen bezeichnen wir diese Leute als Romanen (romani). In Begriffen wie «Romandie» oder auch «räto-romanisch» lebt der Name noch heute fort. Archäologisch sind die Romanen nur schlecht faßbar, denn ab dem Ende des 4. Jahrhunderts wurden die Toten ohne Beigaben bestattet, so daß eine unserer wichtigsten Informationsquellen wegfällt. Erst unter germanischem Einfluß wurde es im 6. Jahrhundert auch bei der romanischen Bevölkerung wieder üblich, den Toten Beigaben ins Grab zu legen. Es gibt allerdings nur wenig Funde, die sich als eindeutig romanisch bezeichnen lassen. Dazu gehören solche Gürtelschnallen aus Knochen oder Bronze, wie der Priester Aviculus sich eine in Genf erstehen wollte. Ihre viereckigen Beschlägplatten waren figürlich verziert. Am bekanntesten sind die sogenannten Danielschnallen. Sie heißen so, weil auf ihnen häufig der Prophet Daniel in der Löwengrube dargestellt ist. Auch die übrigen Bildmotive sind in der Regel der Bibel entnommen. Im einzelnen sind sie nicht immer leicht zu interpretieren. Anhaltspunkte zur Deutung liefern die ab und zu auftretenden Inschriften. Bildinhalte, wie die Errettung des Propheten aus höchster Not, oder Inschrifttexte wie: «Er möge in Gott hundert Jahre leben», zeigen, daß die Besitzer von ihren Gürtelschnallen Hilfe und Schutz erhofften. Die Schutzwirkung konnte noch verstärkt werden, wenn – wie in unserer Geschichte geschildert – die Schnalle einen Hohlraum aufwies, der eine Reliquie aufnehmen konnte. Man nimmt an, daß Reliquiarschnallen vor allem von Geistlichen getragen worden sind. Die Datierung dieser Gürtelschnallen aus Knochen oder Bronze und mit rechteckigem Beschläg bietet einige Schwierigkeiten. Gesichert ist lediglich, daß sie während des ganzen 6. Jahrhunderts auftreten. Andere, spezifisch romanische Fundstücke des 6. Jahrhunderts sind silberne Haarnadeln oder eiserne Armringe. Neben diesen Grabbeigaben waren auch gewisse Grabformen für die romanische Bevölkerung typisch. Steinerne Sarkophage und Grabsteine, wie wir sie aus dem großen Gräberfeld von Kaiseraugst kennen, sind nur im Siedlungsgebiet der Romanen anzutreffen.

Eine Gruppe sogenannter Danielschnallen aus Bronze. Die Errettung des Propheten Daniel ist auf der Schnalle ganz oben dargestellt. Die in sehr schlechtem Latein abgefaßte Inschrift lautet übersetzt wie folgt: «Es lebe Daniel, zwei Löwen lecken seine Füße, Darius». Darius war der persische Herrscher, der den Propheten in die Löwengrube werfen ließ. Auf den übrigen Schnallen sind ein aus dem Lebensbrunnen trinkendes, geflügeltes Pferd, eine Menschengruppe, die sich vielleicht zum Gebet versammelt hat, und ein bärtiger Reiter zu erkennen.

Die Burgunder

Der kleine Ursus wunderte sich über den fremdartig klingenden Namen seines Genfer Freundes. Dieser erklärte ihm daraufhin, daß seine Familie burgundischer Abstammung sei. Wer waren die Burgunder? Bereits seit dem 3. Jahrhundert strebten verschiedene, aus dem nord- und osteuropäischen Raum kommende, germanische Volksgruppen in unregelmäßigen Schüben dem Römischen Reich entgegen. Mit seiner überlegenen Wirtschaft und Kultur, aber auch mit seinem inneren Frieden hatte das Imperium Romanum eine enorme Anziehungskraft auf die «barbarischen» Völker, die außerhalb seiner Grenzen lebten. Der Vorstoß der mongolischen Hunnen aus dem innerasiatischen Raum löste in der zweiten Hälfte des 4. Jahrhunderts größere Völkerbewegungen aus. Die sogenannte «Völkerwanderung» hatte begonnen. Auch die zu den Ostgermanen gehörenden und ursprünglich aus Skandinavien kommenden Burgunder zogen in dieser Zeit westwärts. Als Verbündete (Föderaten) siedelten sie sich in der Gegend von Worms an. Gegen die Erlaubnis, sich auf römischem Reichsgebiet niederlassen zu dürfen, übernahmen die Föderaten die Verpflichtung, das zugewiesene Territorium gegen Überfälle zu schützen. Das Burgunderreich am Rhein unter König Gundahar, dem Gunther der Nibelungensage, hatte nicht lange Bestand. Gundahars Versuch, aus dem Föderativverhältnis auszubrechen, wurde durch den römischen Feldherrn Aetius im Jahre 436 blutig beendet. Sieben Jahre später wies Aetius den Burgundern in der «Sapaudia», in Savoyen, neuen Wohnsitz zu. Die Grenzen des zugeteilten Gebietes sind im einzelnen umstritten; sicher jedoch gehörten dazu Teile der Westschweiz mit Genf als Zentrum. Die Niederlassung erfolgte nach den Regeln der «hospitalitas», dem militärischen Einquartierungsrecht. Die einheimische, romanische Oberschicht hatte einen Teil ihres Besitzes an Ackerland, an Wiesen, Wäldern, Gebäuden, aber auch an Sklaven an die «Gäste» abzutreten. Als Gegenleistung wurden die Einheimischen von den bisherigen Steuer- und Abgabepflichten befreit. Die Romanen dürften deshalb den Neuankömmlingen kaum feindselig gegenübergestanden haben. Dazu kam, daß man diesen eher zutraute, Land und Leute gegen Angreifer verteidigen zu können, als der durch ständige innere Reibereien und Meutereien geschwächten römischen Armee. Wirtschaftlich und militärisch konnten die Einheimischen von der Einquartierung also bloß Vorteile erwarten. Sonst schien man aber von den Neuzüglern nicht viel zu halten. So schrieb der Dichter und Bischof Apollinaris Sidonius (zirka 430–486), der aus dem gallo-römischen Hochadel stammte, an einen Freund, er solle froh sein, nicht mit Leuten zusammenleben zu müssen, die schon am frühen Morgen nach Knoblauch und Zwiebeln stinken würden. Die Zweifel an der kulturellen Anpassungsfähigkeit der Burgunder erwiesen sich aber als gänzlich ungerechtfertigt. Innerhalb von wenigen Generationen glichen sie sich der überlegenen Kultur der Romanen völlig an. Dieser Vorgang wurde erleichtert durch die im Einquartierungsrecht vorgesehene Hausgemeinschaft von Einheimischen und Fremden. Heiraten zwischen Burgundern und Romanen waren nach dem Gesetz erlaubt. Zudem waren die Burgunder zur Zeit der Ansiedlung bereits Christen, was ihre Eingliederung ebenfalls erleichterte. Einer der Hauptgründe für die rasche und vollständige Angleichung war aber – gemessen an der Gesamtbevölkerung – sicher die sehr geringe Anzahl der Burgunder. Gegenüber der älteren Geschichtsschreibung neigt die moderne Forschung heute dazu, von

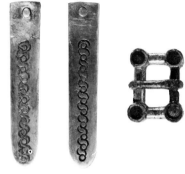

Burgundische Grabfunde des 5. Jahrhunderts aus Nyon am Genfersee.

wesentlich kleineren germanischen Stämmen der Völkerwanderungszeit zu sprechen. Das hängt damit zusammen, daß man heute unter diesen wandernden «Völkern» etwas anderes versteht als noch vor wenigen Jahrzehnten. Sie waren nämlich keine durch längeres Zusammenleben zum Volk gewordene Einheiten, sondern Söldnerscharen oder Gefolgschaftshaufen, die neben den Kämpfern auch den ganzen Troß, bestehend aus Mitläufern, Gefangenen und Sklaven, umfaßten. Sie tauchten überall dort auf, wo für Geld, Beute oder Land Krieg geführt werden konnte. Auch die Burgunder waren ein derartiges Kriegervolk. Heute rechnet man damit, daß höchstens 20 000 Burgunder, davon rund 5000 Krieger, in der Westschweiz angesiedelt wurden.

Mit dem Zerfall der weströmischen Zentralgewalt dehnten sie ihren Machtbereich immer weiter aus. Um 470 wurde Lyon zur neuen Hauptstadt, das mehr am Rande gelegene Genf blieb aber Residenz eines Nebenkönigs. Zur Zeit der größten Ausdehnung gehörte neben der Westschweiz der ganze Rhone-Saône-Raum zum Einflußgebiet der Burgunderkönige. Diese haben die an sich noch bestehende Oberhoheit der römischen Kaiser immer anerkannt. Gundowech und Chilperich, die beiden ersten Könige, waren gleichzeitig auch hohe kaiserliche Amtsträger. Nach dem Erlöschen des weströmischen Kaisertums im Jahre 476 übernahm der in Byzanz residierende oströmische Kaiser die Rolle des offiziellen Staatsoberhauptes. In Tat und Wahrheit haben die

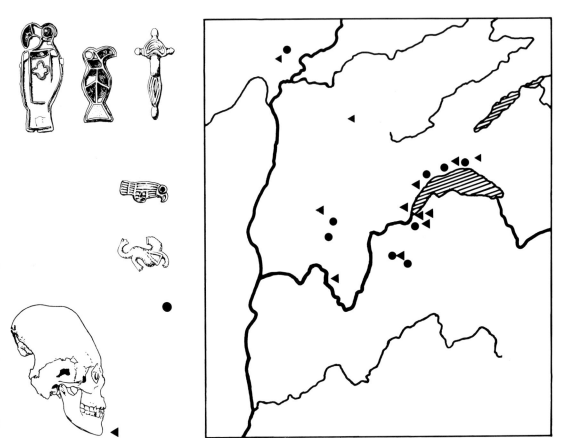

Die archäologischen Belege für die Ansiedlung der Burgunder in der Westschweiz sind nicht sehr zahlreich.
Auf der Karte sind die Fundpunkte von Bestattungen mit künstlich deformierten Schädeln (Dreiecke) und mit germanischen Fibeln (Kreise) eingetragen. Die Karte zeigt, daß die Burgunder im Genferseegebiet und dem angrenzenden französischen Jura angesiedelt worden sind.

Burgunderkönige aber als völlig selbständige, absolute Herrscher regiert.
Seine Blütezeit erlebte das Königreich Burgund unter Gundobad, König von 480 bis 516. Auch er hatte seine Laufbahn noch als kaiserlicher Beamter begonnen. Bekannt wurde Gundobad vor allem als Gesetzgeber. Bereits in seiner Regierungszeit geriet Burgund aber zunehmend in die Zange zwischen zwei aufstrebenden Mächten. Im Süden und Osten wurde es bedrängt von den Ostgoten unter Theoderich dem Großen, im Norden und Westen vom fränkischen Aufsteiger Chlodwig. 507 bis 510 kämpften die Burgunder auf fränkischer Seite gegen die Westgoten. Bezeichnend für ihre Situation war aber, daß sie bei Kriegsende leer ausgingen, während die Franken und Ostgoten ihre Herrschaftsbereiche ausdehnen konnten. Nachfolger Gundobads wurde im Jahre 516 sein Sohn Sigismund. Mit der Ermordung seines Sohnes aus erster Ehe lieferte er sowohl den Ostgoten als auch den Franken einen Vorwand, das Königreich Burgund anzugreifen. Sigismund und sein Bruder Godomar wurden von den Franken geschlagen. Die Ostgoten nahmen kampflos einen Teil des Burgunderreiches in ihren Besitz. Sigismund versuchte, sich im Kloster St-Maurice in Sicherheit zu bringen. Er wurde aber mit seiner ganzen Familie gefangengenommen und im Jahre 524 umgebracht. Der zum König erhobene Godomar konnte die Angreifer noch einmal vertreiben. Einem erneuten Angriff der Frankenkönige Childebert und Chlothar war er aber nicht mehr gewachsen. 534 erlosch das selbständige Königreich Burgund. Es wurde Teil des aufstrebenden Frankenreiches.

Die Niederlassung der Burgunder in der Westschweiz läßt sich archäologisch nur schwer fassen. Sie paßten sich der einheimischen Bevölkerung sehr rasch an und bestatteten, wie diese, ihre Toten auch bald ohne Beigaben. Aus den ersten Jahrzehnten nach der Einquartierung sind es vor allem Gewandnadeln, sogenannte Fibeln, die dem burgundischen Bevölkerungsteil zugeschrieben werden können. Es handelt sich zumeist um paarweise getragene Bügel- oder Tierfibeln aus Gold oder Silber. Darüber hinaus zeichneten sich die Burgunder offenbar durch einige anthropologische Besonderheiten aus. Wie andere Germanenstämme, die mit den Hunnen Kontakt hatten, übernahmen auch die Burgunder von jenen den merkwürdigen Brauch der künstlichen Schädeldeformation. Dabei wurde Kleinkindern der Kopf so eingebunden, daß er sich schräg nach oben zu einem sogenannten Turmschädel verformte. Derartig deformierte Schädel sind in verschiedenen Gräberfeldern der Westschweiz und des angrenzenden französischen Juras gefunden worden. In der neuen Heimat wurde der Brauch dann rasch aufgegeben. Eine weitere anthropologische Besonderheit konnte an den Zähnen festgestellt werden. Es wurde beobachtet, daß der Zahnschmelz an den Backenzähnen in vielen Fällen keilförmig bis zu den Zahnwurzeln hinunterreicht, wie dies bei mongolischen Stämmen häufig auftritt. Bei europäischen Völkern ist diese Erscheinung hingegen selten. Auch dieses Phänomen dürfte demnach auf die zeitweilig engen Kontakte der Burgunder mit den Hunnen zurückzuführen sein.

Unter fränkischem Einfluß wurde die Beigabensitte in der ersten Hälfte des 6. Jahrhunderts wieder aufgenommen. Zu dieser Zeit waren die Burgunder schon weitgehend mit der einheimischen Bevölkerung verschmolzen und kulturell voll angepaßt. Die archäologischen Funde lassen sich deshalb nicht mehr einzelnen Bevölkerungsgruppen zuweisen, sie sind repräsentativ für die Gesamtbevölkerung des fränkischen Teilreiches Burgund.

Frühes Christentum

Das Christentum – von den römischen Kaisern seit dem Anfang des 4. Jahrhunderts geduldet und zu Ende des gleichen Jahrhunderts zur alleinigen Staatsreligion gemacht – lebte im Frühmittelalter vor allem in den romanischen Kastellstädten weiter. Die wichtigsten unter ihnen wurden im Verlaufe der Zeit zu Bischofssitzen. Bereits für die Mitte des 4. Jahrhunderts ist ein Bischof Justinian von Kaiseraugst überliefert. 381 nahm Bischof Theodor von Octodurus (Martigny) an einer Synode in Aquileia teil, während sich Bischof Asinio von Chur auf der Mailänder Synode von 451 durch seinen Amtsbruder aus Como vertreten ließ. Als alter Bischofssitz ist auch Genf bekannt, wo um 400 Bischof Isaak der Kirche vorstand. Als burgundische Residenzstadt erlebte Genf eine regelrechte Blütezeit und wies besonders prunkvolle Kirchenbauten auf. Dank seiner Lage stand es mit den spätantiken Kulturzentren des unteren Rhonetales in enger Verbindung und wurde von diesen stark beeinflußt. Aber auch in den übrigen Kastellstädten entstanden seit der zweiten Hälfte des 4. Jahrhunderts Kirchenbauten, die durch archäologische Ausgrabungen, wenigstens in ihren Fundamenten, nachgewiesen werden konnten. In der Regel waren es einfache, kleine Saalkirchen mit oder ohne Apsis. In der Westschweiz, wo die antike Tradition stärker nachwirkte, errichtete man auch dreischiffige Basiliken. Einige Kirchenbauten aus dem Kanton Graubünden wiesen, anstelle einer halbrunden Apsis, eine in den freien Raum hineingestellte Priesterbank auf. Hier konnten die Geistlichen während des Gottesdienstes Platz nehmen.

Zu den charakteristischen Nebengebäuden frühchristlicher Kirchen gehörten die Baptisterien, die Taufhäuser. Teils waren es freistehende, in der Regel quadratische Gebäude, teils waren die Tauftäume in einem Anbau der Kirche untergebracht. Das Baptisterium von Riva San Vitale, am Südende des Luganersees, ist der älteste noch erhaltene kirchliche Bau der Schweiz. Zur Taufanlage gehörte ein in der Mitte des Raumes liegendes

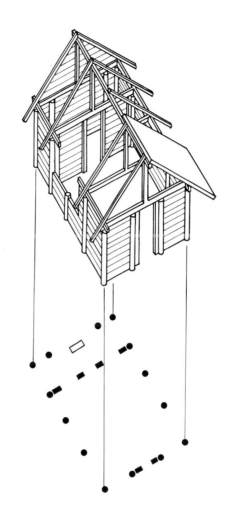

Die Entdeckung einer frühmittelalterlichen Holzkirche in Wülflingen bei Winterthur war 1972 eine kleine archäologische Sensation. Seither sind ähnliche Kirchenbauten auch anderswo in der Schweiz nachgewiesen worden.
Zur Verdeutlichung des Befundes sind moderne Holzpfosten in die alten Pfostengruben hineingestellt worden.
Die Kirche von Wülflingen war ein kleiner Rechteckbau von 5 × 7 Metern, dessen östlicher Teil mit einer Chorschranke vom Schiff abgetrennt war.

Das Baptisterium (Taufgebäude) von Riva San Vitale im Tessin ist der älteste noch erhaltene kirchliche Bau der Schweiz.

In Sitten sind 1984/85 am Fuße des Felshügels Valeria, auf dem die bekannte Stiftskirche liegt, die Grundmauern einer frühmittelalterlichen Begräbniskirche freigelegt worden. Die Kirche wurde im 5. Jahrhundert gebaut und bestand ursprünglich aus einem großen, rechteckigen Saal von 12 × 20 Metern. Im Laufe des 6. und 7. Jahrhunderts ist sie in mehreren Etappen erweitert worden. Mit allen Anbauten maß der Bau schließlich 36 × 26 Meter. Bis jetzt haben die Archäologen über 170 Gräber freigelegt. Die meisten Gräber befanden sich in den seitlichen Anbauten und Apsiden. In der großen, hufeisenförmigen Mittelapsis lagen die Gräber in mehreren Schichten übereinander. Im 10. oder 11. Jahrhundert ist die Kirche aufgegeben und Stein für Stein abgetragen worden. Schon hundert Jahre später wußte offenbar kein Mensch mehr, daß sich an dieser Stelle einst eine Kirche befunden hatte. Kein Flurname erinnert an sie, und in keiner schriftlichen Quelle wurde sie jemals erwähnt.

Taufbecken, das beträchtliche Ausmaße haben konnte, denn der Taufritus sah damals noch wesentlich anders aus als heute: Der erwachsene Täufling wurde im Taufbecken völlig untergetaucht, in späteren Zeiten stand er im Becken und wurde vom Priester mit Wasser überschüttet. Die heute übliche Form der Taufe wird erst seit dem Ende des Mittelalters praktiziert.

Neben der Taufe hatte der Bischof – nur ihm stand ursprünglich das Taufrecht zu – noch zahlreiche weitere Aufgaben zu versehen. Das Bischofsamt wurde im 5. und 6. Jahrhundert zu einem der wichtigsten öffentlichen Ämter überhaupt und galt bei der romanischen Oberschicht als Krönung der Beamtenlaufbahn. Die Bischöfe jener Zeit entstammten denn auch fast ausschließlich dem senatorischen Adel. Die wenigsten unter ihnen hatten vor der Amtseinsetzung bereits als Geistliche gewirkt. Je weniger die weltliche Obrigkeit in der Lage war, ihre Aufgabe zu erfüllen, um so bedeutender wurde die Rolle der kirchlichen Amtsträger. Weit über die kirchliche Führung hinaus wurde der Bischof zum eigentlichen Herrscher in der Stadt. Zahlreiche politische und administrative Aufgaben übernahm er aus der Notwendigkeit des Augenblikkes heraus. Er versuchte, bei drohenden Hungersnöten Lebensmittel zu beschaffen, und er organisierte die Verteilung. Er vertrat die Stadtbevölkerung gegenüber den germanischen Königsgeschlechtern und bemühte sich, von plündernden Horden verschleppte Stadtbürger wieder freizukaufen. Das Wirken der Bischöfe war für die ungebrochene Tradition der Stadt von der Spätantike zum Frühmittelalter von entscheidender Bedeutung. Nur in jenen Städten, die immer wieder neuen Angriffen ausgesetzt waren und sich kaum erholen konnten, setzte sich die Bischofsgewalt nicht durch. Bischofssitz und städtisches Leben verschoben sich in diesen Fällen an einen anderen Ort. So zog sich der Bischof von Kaiseraugst nach Basel zurück. Der Bischofssitz von Windisch wurde vorerst nach Avenches und schließlich nach Lausanne verlegt.

Ein besonderes Anliegen der Bischöfe war es, das Andenken und die Verehrung der lokalen Märtyrer am Leben zu erhalten und zu fördern. Am wichtigsten wurde dabei für das Frühchristentum der Schweiz die von Bischof Theodor von Octodurus zu Ende des 4. Jahrhunderts eingerichtete Gedächtnisstätte für die Märtyrer der thebäischen Legion in St-Maurice. Über das Schicksal dieser Truppe berichtet die «passio acaunensium martyrum», die Leidensgeschichte der Märtyrer von Agaunum. Sie ist bereits in der ersten Hälfte des 5. Jahrhunderts niedergeschrieben worden und damit wesentlich älter als die meisten anderen Heiligenlegenden. Wieweit die Thebäerlegende wirkliches Geschehen widerspiegelt, bleibt umstritten. Sie spielt um 300 n. Chr., zur Zeit der letzten großen Christenverfolgungen. Damals soll es im römischen Heer eine aus lauter Christen bestehende Legion gegeben haben. Die Soldaten – ihr Kommandant hieß Mauritius – stammten alle aus Theben in Ägypten. Die Truppe war als Verstärkung Kaiser Maximian zugeteilt worden, der damals über den westlichen Teil des Römischen Reiches herrschte. Mauritius und seine Soldaten verweigerten dem Kaiser den Gehorsam, als sie erfuhren, daß sie sich an den Christenverfolgungen beteiligen sollten. Der zornentbrannte Kaiser ließ daraufhin jeden zehnten Mann hinrichten, eine im römischen Heer übliche Strafe bei Meuterei. Als der gewünschte Erfolg ausblieb, wurde die grausame Prozedur wiederholt. Da die übrigen Soldaten immer noch standhaft blieben und ihre Waffen weglegten, wurde schließlich die ganze Legion, sie soll 6000 Mann gezählt haben, niedergemetzelt. Knapp hundert Jahre später ließ Bischof Theodor an jener Stelle, wo das legendäre Blutbad stattgefunden haben soll, eine Gedächtniskirche errichten. Diese wurde, begünstigt durch die Lage an der wichtigen Durchgangsstraße von Gallien nach Italien, rasch zu einem beliebten Wallfahrtsort. Noch im 5. Jahrhundert mußte die Kirche erstmals erweitert werden. Eine freie Gemeinschaft von Priestern und Laien ließ sich nieder und kümmerte sich um den Gottesdienst und die Betreuung der Pilger. Im Jahre 515 wurde die Wallfahrtsstätte durch den burgundischen König Sigismund in ein Kloster verwandelt. Agaunum, das spätere St-Maurice, war in der Folge so etwas wie das «Reichskloster» der Burgunder. Noch in der Amtszeit des ersten Abtes wurde eine neue, große Kirche, die sogenannte SigismundBasilika erbaut. Aus bereits bestehenden burgundischen Klöstern, so auch aus Romainmôtier, wurden Mönche nach St-Maurice beordert.

Mit dem Martyrium der thebäischen Legion in St-Maurice stehen weitere Heiligenlegenden in Verbindung. Bereits Bischof Eucherius, der Verfasser

Der sogenannte Teuderichschrein aus dem Klosterschatz von St-Maurice ist eine der schönsten und wertvollsten frühmittelalterlichen Goldschmiedearbeiten.
Er diente zur Aufbewahrung von Reliquien.

der Leidensgeschichte der Märtyrer von Agaunum, erwähnte, daß der «gleichen Legion auch jene beiden Blutzeugen Ursus und Victor angehört haben, die nach bestimmter Überlieferung bei Solothurn gelitten haben, einem Kastrum am Aarefluß». Eine eigene, ausführliche Leidensgeschichte der beiden Solothurner Stadtheiligen ist aber erst aus dem 9. Jahrhundert überliefert. Nach der Überlieferung wurde über den Gräbern der Märtyrer die Peterskapelle erbaut. Wie der Priester Aviculus in unserer Erzählung zu berichten wußte, wurde der Leichnam des heiligen Victor gegen Ende des 5. Jahrhunderts nach Genf überführt. Dem gleichen Legendenkreis entstammt auch die Leidensgeschichte von Felix und Regula, den beiden Stadtheiligen von Zürich. Schließlich steht auch die in Zurzach besonders verehrte heilige Verena mit dem Martyrium der thebäischen Legion in Verbindung. Verena soll Victors Freundin gewesen sein. An Ort und Stelle versuchte sie, Näheres über dessen Schicksal zu erfahren. So gelangte sie auch nach Solothurn. Die Verenaschlucht zwischen Solothurn und Rüt-

tenen erinnert noch an ihren Aufenthalt. Schließlich zog sie nach Tenedo (Zurzach) weiter, wo sie Kranke und Aussätzige pflegte. Nach ihrem Tod, laut Legende im Jahre 344, wurde sie außerhalb des Kastells im römischen Gräberfeld bestattet. Aus der kleinen Gedächtniskirche über ihrem Grab entstand im Laufe der Zeit ein größeres kirchliches Zentrum, und daraus entwickelte sich schließlich das neue, mittelalterliche Städtchen.

Mit der Verehrung der Heiligengräber stand ein sehr ausgeprägter Reliquienkult in engster Verbindung. Den Reliquien, wörtlich «Überbleibseln», der Heiligen wurde heilende und rettende Kraft zugeschrieben. Als Reliquien galten ursprünglich nur der Leichnam des Heiligen oder Teile davon, später auch alle Dinge, die der Heilige zu Lebzeiten berührt hatte. Schließlich konnte jeder beliebige Gegenstand durch Berührung mit dem Grab des Heiligen zur Reliquie gemacht werden. Als derartige Berührungsreliquien sind Staub und Erde, Wasser, Textilien, Lampenöl, Kerzenwachs, Pflanzen und anderes mehr überliefert.

Höchstwahrscheinlich noch älter als das Kloster von St-Maurice ist dasjenige von Romainmôtier in der Nähe von Orbe. Die Reisenden unserer Erzählung statteten diesem Kloster einen Besuch ab. Es dürfte sein Entstehen den sogenannten Juravätern verdanken. In den überlieferten Lebensbeschreibungen wird Romainmôtier zwar nicht ausdrücklich erwähnt, doch sprechen verschiedene Gründe für eine frühe Klostergründung. Die Legende berichtet, daß Romanus und Lupicinus, zwei Brüder aus vornehmer Familie, sich in die Wälder des Juras zurückgezogen hatten, um als Einsiedler zu leben. Bald aber versammelte sich eine größere Anhängerschar um die beiden Brüder, und eine klösterliche Gemeinschaft entstand. Da der Zustrom weiter anhielt, gründeten sie ein zweites und schließlich noch ein drittes Kloster, eben Romainmôtier. Der überlieferte Bericht über einen Besuch des Abtes Lupicinus in Romainmôtier gibt uns einen guten Einblick in das Leben der Mönche: «Er kam mittags an, als die Brüder noch auf dem Feld waren, und betrat das Haus, wo das Essen für die Mahlzeit gekocht wurde; er sah eine große Zurüstung verschiedener Gerichte und eine Menge Fische aufgehäuft und sprach in seinem Herzen: ‚Es gehört sich nicht, daß Mönche, deren Leben fern von der Welt verläuft, so unpassenden Aufwand treiben.‘ Und sofort ließ er einen großen eisernen Kessel herrichten. Als er, aufs Feuer gestellt, heiß geworden war, steckte er alle Speisen zusammen hinein, die man hergerichtet hatte, Fische und Kraut und Gemüse, alles, was für die Mönche zum Essen bestimmt war, und sagte: ‚Von diesem Brei sollen jetzt die Brüder essen, denn sie sollen nicht Genüssen sich hingeben, die sie am Werke Gottes hindern.‘»

Das Kloster von Romainmôtier ist wahrscheinlich im Verlaufe des 6. Jahrhunderts verlassen worden. Vielleicht ist es einem der zahlreichen Kriegszüge jener Zeit zum Opfer gefallen. Im Rahmen der iro-fränkischen Klostergründungen, von denen wir in einem späteren Kapitel sprechen werden, wurde es in der ersten Hälfte des 7. Jahrhunderts neu belebt.

Ägyptischer Seidenstoff aus der Kanne von St-Maurice (Seite 147).
In derartige Stoffetzen waren Reliquien, zum Beispiel Erde oder Staub aus dem Heiligen Land, eingewickelt.

Handel und Verkehr

Die spätantik-frühmittelalterliche Kastellstadt war nicht nur Zentrum des politischen und religiösen Lebens, sondern ebensosehr Drehscheibe der wirtschaftlichen Aktivitäten. Gegenüber der römischen Epoche boten aber Handel und Verkehr im Frühmittelalter ein wesentlich anderes Bild. Während die Römerzeit auch für ganz alltägliche Gebrauchsgüter, wie zum Beispiel Keramikgeschirr, einen ausgedehnten, das ganze Reich umspannenden Fernhandel gekannt hatte, wurden die Handelsräume im frühen Mittelalter sehr viel kleiner. Die ganze Wirtschaft war wieder viel stärker auf Selbstversorgung ausgerichtet. Ein bescheidener, regionaler Handelsaustausch besorgte den Absatz der einheimischen landwirtschaftlichen und gewerblichen Produktion. Einen eigentlichen Fernhandel gab es nur noch für ausgesprochene Luxusgüter. Dazu gehörten etwa in Alexandria hergestellte schwere Bronze- oder Messinggefäße, die im 7. Jahrhundert eine sehr weite, von Oberitalien bis nach Südengland reichende Verbreitung fanden. Importgüter waren sicher auch die ab und zu in schweizerischen Gräberfeldern gefundenen Glasgefäße. Sie stammten aus Werkstätten am Niederrhein, wo sich schon in der Römerzeit die Zentren der Glasfabrikation befunden hatten.

Daneben gab es auch Handelsgüter, die sich archäologisch kaum nachweisen lassen, die wir aber aus schriftlichen Quellen kennen. Dazu gehörten etwa Wein, Öl, Papyrus, Seidenstoffe sowie Gewürze aus dem Mittelmeerraum und dem Orient. Salz und Getreide wurden wohl nur im regionalen Handelsverkehr ausgetauscht. Nicht unbedeutend dagegen muß der Sklavenhandel gewesen sein. «Liefergebiete» waren vor allem England und das slawische Osteuropa. Aber auch Kriegsgefangene riskierten, in die Unfreiheit verkauft zu werden.

Genf war dank seiner Lage an die wichtigste Handelsstraße des 5. und 6. Jahrhunderts angeschlossen. Diese führte von Marseille, einem der bedeutendsten Mittelmeerhäfen, der Rhone und Saône entlang nach Norden ins Zentrum Europas. Mit der Eingliederung Burgunds ins Fränkische Reich und der Einbeziehung des Alpenraumes in die fränkische Reichspolitik erhöhte sich die Bedeutung der Alpenpässe. Hier führte die Hauptroute aus Italien über den Großen Sankt Bernhard ins Wallis.

Ganz allgemein läßt sich im Verlaufe des Frühmittelalters eine Verschie-

Die Stielpfanne und die Henkelkanne aus stark bleihaltigem Messing sind nicht in der Schweiz hergestellt, sondern aus dem Mittelmeerraum importiert worden. Sie sind in einer Kiesgrube bei Barzheim im Kanton Schaffhausen gefunden worden.

Auch diese beiden Gläser, ein blaugrüner Sturzbecher und ein hellgrünes Stengelglas mit weißer Fadenauflage, sind nicht Erzeugnisse des einheimischen Handwerks, sondern kommen aus Werkstätten im Rheinland oder in Oberitalien.

bung der wirtschaftlichen Zentren aus dem Mittelmeerraum in innere Gebiete Europas feststellen. Sie entwickelte sich parallel zu politischen Vorgängen. Der Mittelmeerhandel wurde im 7. und 8. Jahrhundert zusätzlich durch die Eroberungen der Araber ganz empfindlich gestört. Die Rhone, bisher gleichsam die Schlagader des europäischen Handels, verlor an wirtschaftlicher Bedeutung. Spätestens seit dem 8. Jahrhundert ist der Rhein die Hauptverkehrsachse Europas. Mit den Friesen und später den Wikingern tauchten im nördlichen Europa neue Träger des Fernhandels auf.

Das frühmittelalterliche Straßennetz beruhte auf den alten Römerstraßen, die aber kaum mehr unterhalten wurden und sich in entsprechend schlechtem Zustand befanden. Gregor von Tours berichtet, daß die Straßen mit Gestrüpp überwachsen waren und sich bei Regen in unbefahrbaren Morast verwandelten. Als Transportmittel standen Pferdewagen oder Ochsenkarren zur Verfügung. Für Gütertransporte benutzte man, wenn immer möglich, Flüsse und Seen. Üblich war, daß die Kaufleute – wie in unserer Geschichte beschrieben – die Warentransporte selbst begleiteten. Aus Angst vor Wegelagerern reiste man meist in Gruppen, Schutz und Sicherheit versprach man sich aber auch von der Mitnahme geweihter Gegenstände.

Der wirtschaftliche Rückgang spiegelt sich auch sehr deutlich im frühmittelalterlichen Münzwesen wider. In der ganzen Schweiz wurden nur etwa 200 Münzen des 5. bis 8. Jahrhunderts gefunden, was eine geradezu lächerliche Anzahl darstellt, wenn wir sie mit den Fundmengen der Römerzeit vergleichen. Die ausgeklügelte römische Geldwirtschaft machte im Frühmittelalter weitgehend einer einfachen Naturalwirtschaft Platz. Waren wurden in der Regel nicht mehr mit Geld bezahlt, sondern gegen andere Waren eingetauscht. Geld wurde als Zahlungsmittel nur noch bei größeren Geschäften wie Land- und Hauskauf, aber auch für Tribut- oder Steuerzahlungen verwendet. Die Münzen wurden eher als geprägtes Edelmetall und weniger als eigentliches Geld verwendet. Wichtig war vor allem ihr Metallwert, das heißt ihr Gewicht. Dieses konnte mit kleinen Waagen – man hat solche schon ab und zu in Gräbern gefunden – kontrolliert werden.

Das frühmittelalterliche Münzwesen fußte noch ganz auf dem spätrömischen Geldsystem. Die Grundeinheit war der Solidus, eine 4,5 Gramm schwere Goldmünze. Als wichtigste Einheit im Zahlungsverkehr diente aber der Drittelssolidus oder Triens. Die bekannteste Silbermünze dagegen war die sogenannte Siliqua zu $1/24$ Solidus. Bereits seit dem Beginn des 5. Jahr-

hunderts gab es fast keine Kupferprägungen mehr. Alte römische Kupfermünzen, das eigentliche Kleingeld, waren aber wahrscheinlich noch im 5. und 6. Jahrhundert im Umlauf.

Unsere Möglichkeiten, einen Eindruck vom Wert des Geldes im Frühmittelalter zu bekommen, sind sehr beschränkt. Gregor von Tours macht dazu nur vereinzelte, zudem eher anekdotische Angaben. Um 584 kaufte ein Bischof einen Geistlichen für 20 Aurei (gleichbedeutend für Solidi) von der Todesstrafe frei. Das Lösegeld für zum Tode verurteilte Kriegsgefangene betrug um 530 hingegen nur einen Triens. Der Koch, der das Festmahl anläßlich einer Bischofsweihe im Jahre 525 besorgte, erhielt als Lohn ebenfalls einen Triens. Von Wucherpreisen spricht Gregor von Tours, als bei einer Hungersnot die Händler für einen Scheffel (1 Modius = 8,75 Liter) Getreide oder für ein Halbmaß (½ Modius) Wein mehr als einen Triens verlangten. Gewisse Wertvorstellungen vermitteln auch die Bußgeldansätze der germanischen Stammesrechte. Nach der fränkischen Lex Ripuaria konnte eine Strafe in der Höhe von einem Solidus mit einer Kuh abgegolten werden, eine solche von zwei Solidi mit einem Ochsen oder einem Schild und einer Lanze. Drei Solidi entsprachen dem Gegenwert einer Stute, eines ungezähmten Falken oder eines Schwer-

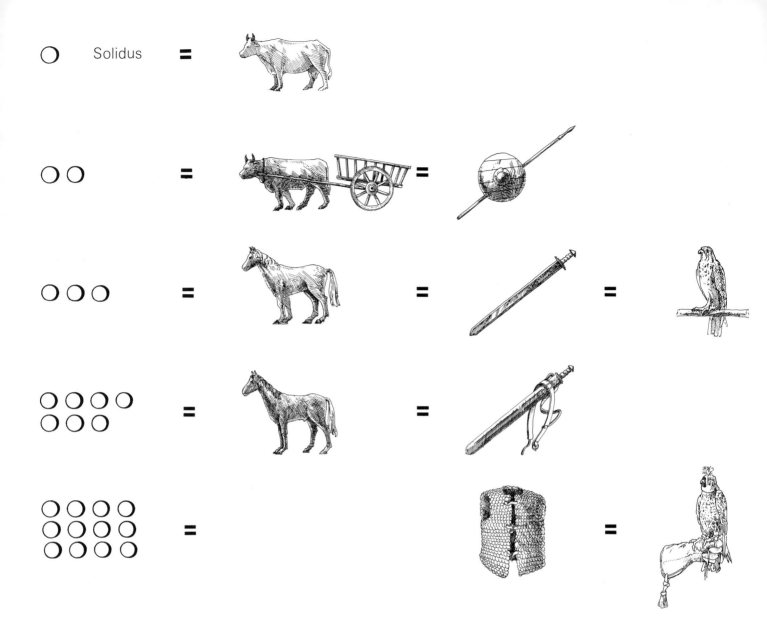

tes ohne Scheide. Ein Schwert mit Scheide oder ein Hengst waren bereits sieben Solidi wert, ein Panzerhemd oder ein abgerichteter Falke gar zwölf Solidi.

Die auf Reichsgebiet niedergelassenen Germanen begannen nach dem Untergang Westroms, selber Gold- und Silbermünzen zu prägen. Dabei hielten sie sich streng an die römischen Vorbilder. So sind auf den burgundischen Goldmünzen stets die oströmischen Kaiser abgebildet. Die burgundischen Könige begnügten sich damit, auf den Münzen ihr Monogramm anbringen zu lassen. Etwa um 500 begannen auch die Franken mit einer eigenen Münzprägung. König Theudebert I. ließ erstmals seinen eigenen Namen auf die Münzen setzen und verletzte so das byzantinische Monopol der Goldprägung. Mit dem Zerfall der Zentralgewalt verloren die fränkischen Könige ihrerseits bald wieder den alleinigen Anspruch auf die Münzprägung. Das Münzwesen gelangte in die Hände von Münzmeistern (Monetaren), die ihre Tätigkeit in verschiedenen Städten ausübten. Aus der Schweiz kennen wir Prägestätten in Genf, Lausanne, Avenches, Basel, Windisch, St-Maurice und Sitten. Dazu kommen vielleicht auch Yverdon, Orbe und Zürich. An den meisten Orten wurde nur sehr kurze Zeit Geld hergestellt, lediglich St-Maurice und Sitten scheinen bedeutendere Ausgabeorte gewesen zu sein. Dies dürfte mit dem Paßverkehr über den Großen Sankt Bernhard zusammenhängen. Auf der Walliser Seite befand sich wahrscheinlich eine Zollstation, wo die hereinkommenden fremden Münzen eingeschmolzen und in einheimisches Geld umgewandelt wurden.

Erst den Karolingern gelang es im Verlaufe des 8. Jahrhunderts, die Münzprägung wieder in den Händen des Königs zu zentralisieren. Die Goldmünzen wurden vollständig durch Silberprägungen ersetzt. Die Geldeinheiten des neuen Systems waren der Pfennig (Denar), der Schilling (Solidus) zu 12 Pfennigen und das Pfund (Libra) zu 20 Schillingen. Geprägt wurden aber lediglich Pfennige, während Schilling und Pfund als reine Rechnungseinheiten dienten. Diese in mehreren Stufen vollzogene Münzreform schuf die Grundlagen des mittelalterlichen Geldwesens, das mehrere Jahrhunderte Gültigkeit hatte.

Drei der neun Silbermünzen aus einem Männergrab von Riaz/Tronche Bélon (Vorder- und Rückseite).
Es sind langobardische Nachprägungen von Halbsiliquae des byzantinischen Kaisers Justinian I. Sie sind um 570/80 geprägt worden.

Die Münzen sind hier stark vergrößert abgebildet. In Wirklichkeit haben sie einen Durchmesser von knapp einem Zentimeter und wiegen bloß 0,2 Gramm.

Eine kleine Auswahl aus dem 116 Münzen umfassenden Schatzfund von Ilanz GR. Neben Münzen von Karl dem Großen finden wir auch Prägungen der letzten Langobardenkönige, von englischen Königen und von arabischen Kalifen. Auch der uns allen aus 1001-Nacht bekannte Kalif Harun-al-Raschid ist im Ilanzer Schatzfund vertreten.

Die romanisch-burgundische Westschweiz

Von Gräbern, Funden und Gespenstern

Trotz der frühen Stunde, die Sonne ist eben erst hinter den Bergen aufgegangen, ist der junge Desinerius schon ganz tüchtig ins Schwitzen gekommen. Zusammen mit seinem Großvater, dem Totengräber des Dorfes, hebt er auf dem Friedhof ein Grab aus. Genaugenommen schaufelt und pickelt eigentlich nur der Knabe, während sich der alte Mann damit begnügt, Anweisungen zu geben und dazu aus seinen Erinnerungen zu erzählen.

«Siehst du, mein Junge, da in der gleichen Reihe, drei Gräber weiter, liegt die alte Regulina begraben.» Dabei zeigt er auf einen kleinen, mit Sträuchern bewachsenen Erdhügel. «Als junge Frau hat sie sich das Bein gebrochen, und seither konnte sie nicht mehr richtig gehen. Nach dem Unfall war sie auch ein bißchen komisch im Kopf. Manche Leute haben behauptet, sie sei eine Hexe. Mir hat sie zwar nie Angst eingejagt, aber dennoch habe ich bei der Beerdigung einen schweren Stein auf ihr verkrüppeltes Bein gelegt, damit sie nicht aus ihrem Grab steigen kann und uns Lebende belästigt.»

Desinerius läuft bei diesen Worten ein kalter Schauer über den Rücken. Er wagt kaum, zu dem Grab hinüberzublicken. Die schwarzen Gedanken sind aber im Nu verflogen, als er mit seinem Pickel auf einen harten Gegenstand schlägt. Diesmal hat es aber nicht so geklungen, als sei er wieder auf einen Stein gestoßen. Nein, diesmal war es eher ein metallischer Klang gewesen.

«Du, Großvater, ich glaube, hier liegt etwas!» ruft der Junge. *Vorsichtig scharrt er mit seinem Pickel im Boden. Bald bemerkt er einen grünlichen Gegenstand. Desinerius hebt ihn auf und entfernt die daran haftende Erde. Was er in den Händen hält, ist eine kleine, knapp zwanzig Zentimeter hohe Menschenfigur. Sie ist beinahe unversehrt, nur über den Rücken, wo sie vom Pickel getroffen worden ist, läuft eine dicke Narbe. Gelbglänzendes Metall schimmert hier durch.*

«Das ist ja Gold!» ruft Desinerius aufgeregt und reicht die Statuette mit zitternden Händen seinem Großvater.

«Nein, nein», wehrt dieser ab, «das ist Bronze. Wenn dieses Metall frisch ist, sieht es allerdings fast aus wie Gold; erst mit dem Alter bekommt es dann diesen grünen Überzug. Aber du hast einen wertvollen Fund gemacht. Siehst du, ich habe dich nicht angeschwindelt.»

Jetzt geht dem Knaben die Arbeit wieder viel leichter von der Hand. Der Großvater hatte also doch recht gehabt. Desinerius war nämlich gar nicht begeistert gewesen, als der Vater ihm befohlen hatte, dem Großvater auf dem Friedhof zu helfen. Doch der alte Mann hatte dem Knaben dann die Arbeit richtig schmackhaft gemacht, als er ihm erzählte, ihr Dorffriedhof sei etwas ganz Besonderes:

«Dort, wo sich jetzt der Friedhof befindet, hat vor vielen, vielen Jahren ein Götzentempel mit weißen Säulen gestanden. Im Inneren waren Marmortafeln mit Inschriften aufgehängt, und an der Rückwand stand eine große Götterstatue aus Bronze. Dieser Figur haben die Leute damals ihre Opfer dargebracht. Seit langer Zeit ist der Tempel nun zerstört, aber noch heute findet man in der Umgebung bis weit in die Ebene hinaus immer wieder Ziegelstücke, zerbrochene Marmorplatten mit Inschriften und verschiedene Säulenteile.»

Die Steine allein hätten den Knaben nicht sonderlich interessiert, aber als der Großvater noch sagte, daß er auch schon Teile von der großen Götterfigur gefunden habe, einmal einen Finger, ein andermal eine Haarlocke, dazu noch Stücke von kleineren Bronzefiguren, aber auch Münzen aus Kupfer oder sogar Silber, da war Desinerius schließlich einverstanden gewesen, mitzuarbeiten. Darum hatte er am Anfang auch gepickelt und geschaufelt wie wild. Als er dann aber nach einer Stunde harter Arbeit nichts weiter gefunden hatte als einige Ziegelbrocken und ein paar Tonscherben, da war er nahe daran gewesen, aufzugeben. Ja, er hatte seinen Großvater sogar verdächtigt, ihm einen Bären aufgebunden zu haben, bloß um ihn zum Arbeiten zu bringen. Aber nun hatte sich die Mühe doch gelohnt. Stolz betrachtet Desinerius nochmals seinen Fund. Die kleine Figur gefällt ihm immer besser. Er kann es kaum erwarten, sie seinem Freund Granarius zu zeigen. Der wird Augen machen!

Vor vier Tagen ist der Großgrundbesitzer Censonius, der mächtigste Mann im Dorf, unerwartet gestorben. Man hat dem Leichnam seine besten Kleider angezogen und ihn dann aufgebahrt. Ununterbrochen erklingen seither Klagegesänge aus dem Totenzimmer. Damit alle Verwandten und Bekannten daran teilnehmen können, hat man das Begräbnis erst auf den heutigen Tag angesetzt. Von nah und fern treffen nun die Trauergäste ein. Soeben entsteigt der Bischof, der mit großem Gefolge aus Lousonna angereist ist, seiner Sänfte. Seine Anwesenheit zeigt, welch bedeutende Persönlichkeit der Verstorbene gewesen ist.

Unterdessen hat Desinerius das Grab fertig ausgehoben. Größere Steine hat er, wie vom Großvater befohlen,

beiseite gelegt. Nun errichtet er daraus, entlang den Grubenwänden, eine Einfassung. Am Kopfende des Grabes baut er ein kleines Trockenmäuerchen auf. Bis die Beerdigung vorbei ist, hat Desinerius nun nichts mehr zu tun. Der feierlichen Zeremonie will er von einem Hügel aus, der sich südlich des Friedhofes befindet, zuschauen. Dort hofft er auch, Granarius, den Schweinehirten, anzutreffen. Desinerius läßt sich unter einer Eiche nieder und schaut auf die Ebene hinaus. Vor ihm liegt das Gräberfeld auf einer kleinen, sanften Erhebung. Auf ihrem höchsten Punkt muß früher einmal der Götzentempel gestanden haben. Nach Osten läuft das Friedhofshügelchen allmählich in das flache Gelände hinaus. Die Gräber sind in regelmäßigen Reihen angeordnet. Das frisch ausgehobene Grab liegt in der Zeile, die mitten über den Hügel führt. Hier werden nur die Angehörigen der vornehmsten Sippe bestattet. Rechts neben der offenen Grube, nahe an der Friedhofshecke, ist ein frisch zugeschaufeltes Grab zu sehen. Merkwürdig, denkt Desinerius, in letzter Zeit ist doch außer Censonius niemand gestorben. Da erinnert er sich wieder: Das muß das Grab sein, das vor kurzem ausgeraubt worden ist. Die Angehörigen haben es jetzt wieder in Ordnung gebracht. Dieser freche Grabraub hatte im Dorf viel Aufruhr verursacht. Wie üblich war die Verstorbene in voller Kleidung und mit ihrem gesamten Schmuck bestattet worden. Die unbekannten Grabräuber hatten dann restlos alles gestohlen, was noch irgendwie brauchbar gewesen war: die Halskette aus Glas- und Bernsteinperlen, den goldenen Fingerring und die vergoldete Scheibenfibel mit den vielen eingelegten Almandinplättchen. Darüber hinaus hatten sie auch die metallene Gürtelschnalle vom halbverrotteten Ledergurt losgetrennt und mitlaufen lassen, dasselbe geschah mit den silbernen Schnallen der Wadenbinden und Schuhe. Wenn man die Grabräuber erwischt, wird man sie streng bestrafen, denkt Desinerius. Zuerst werden sie der geschädigten Familie eine hohe Buße bezahlen müssen, dann wird man sie sicher auspeitschen, möglicherweise verstoßen oder sogar zum Tode verurteilen.

Desinerius schreckt auf. Grunzend und quiekend rennt die Schweineherde von Granarius den Hang herauf. Unter den Bäumen fangen die Tiere an, gierig nach Eicheln zu wühlen. Kaum hat er den Freund begrüßt, zieht Desinerius schon seine Bronzefigur hervor. Abschätzend wiegt Granarius die Statuette in der Hand.

«Hmm, ziemlich schwer!» sagt er. «Da kannst du dir etwas Anständiges daraus machen lassen. Eine schöne, verzierte Gürtelschnalle wäre nicht schlecht. Du mußt nur aufpassen, daß du zu einem guten Bronzegießer gehst, der dich nicht betrügt.»

Desinerius ist über das Ansinnen seines Freundes empört:

«Was denkst du eigentlich, so etwas Schönes kann man doch nicht einfach kaputtmachen. Nein, nein, das Figürchen wird nicht eingeschmolzen, das bewahre ich auf!»

Um Granarius auf andere Gedanken zu bringen, erzählt Desinerius, was er heute morgen von seinem Großvater über das Grab der Hexe Regulina gehört hat. Der Schweinehirt, der mit seiner Herde ziemlich weit in der Gegend herumkommt, zeigt sich aber wenig beeindruckt. Er weiß selber von ähnlichen und zum Teil viel schlimmeren Geschichten zu berichten.

«Ich habe von einem Fall gehört», erzählt er, «wo der Geist eines Selbstmörders immer wieder ins Dorf zurückgekommen ist. Um endlich Ruhe vor dem Gespenst zu haben, hat man das Grab wieder geöffnet, dem Toten den Kopf abgehauen und diesen dann außerhalb des Grabes verscharrt.»

Weitere makabre Einzelheiten werden Desinerius zum Glück erspart, denn nun wird in der Ferne der Totenzug sichtbar. Die Spitze bilden vier Männer. Sie tragen auf ihren Schultern den auf ein Totenbrett gebundenen Leichnam. Direkt dahinter geht allein einer der Söhne des Verstorbenen. Er trägt die Waffen seines Vaters, die diesem

Der römische Tempel und das frühmittelalterliche Gräberfeld von Riaz/Tronche Bélon im Kanton Freiburg während den Ausgrabungen von 1975/76. Zeitweise arbeiteten mehr als dreißig Ausgräber, Zeichner und Archäologen bei den Untersuchungen mit. Die gesamte Grabungsfläche betrug schließlich mehr als 3500 Quadratmeter.

Das unten abgebildete Grab diente als Vorlage für die Bestattungsszene in Riaz. Von den mehr als zwanzig Fundobjekten sind hier nur die Gürtelschnalle und der Schwertgriff, die beide mit Silbertauschierungen verziert sind, abgebildet (rechts außen).

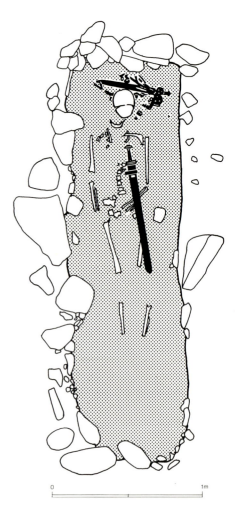

ins Grab mitgegeben werden sollen. Hinter den Angehörigen und den Würdenträgern folgt die übrige Schar der Trauergäste. Den Abschluß des Zuges bilden die unfreien Mägde und Knechte und die hörigen Kleinbauern. Langsam nähert sich der Leichenzug dem Friedhof, wo sich die Leute dicht gedrängt um das offene Grab herum aufstellen. Viele haben zum Zeichen der Trauer ihr Haupt verhüllt. Während die ganze Trauergemeinde betet und Psalmen singt, wird Censonius ins Grab gelegt. Der Tote ruht auf dem Rücken, sein Gesicht ist nach Osten, in Richtung der aufgehenden Sonne gewandt. Seine Spatha, ein zweischneidiges Langschwert, wird mitsamt der Scheide und dem Trageriemen quer über seinen Körper gelegt. Es ist eine sehr kostbare Waffe, wie sie sonst niemand im Dorfe besitzt. Die Klinge besteht aus Damaszenerstahl, das sind mehrere Lagen von ineinandergeschweißten Stäben aus Stahl und Eisen. Der dreieckige Knauf am oberen Ende des Griffes ist silbertauschiert (siehe «Gürtelschnallen und Gürtel», Seite 60). Eine fast so wertvolle Handwerksarbeit ist die Schwertscheide. Sie besteht aus zwei übereinandergelegten, hauchdünnen Holzplatten, die außen mit feinem, weichem Leder überzogen und innen, zum Schutz der Klinge, mit Fell gefüttert sind. Das Schwert kann in einer Schlaufe des mit silbernen Zierknöpfen versehenen Traggurtes eingehängt werden.

Zwischen dem von Desinerius aufgeschichteten Trockenmäuerchen und dem Kopf des Toten wird der schwere, zusammengewickelte Leibgurt mitsamt den daran angehängten Gegenständen, einem Skramasax und einer Ledertasche, niedergelegt. Dabei achtet man darauf, daß die feine Silbertauschierung des runden Gürtelbeschläges sichtbar bleibt. Die Verzierung ist aus mehreren, konzentrischen Bändern aufgebaut, die mit verschiedenen Mustern, Gittern, Stegen, Wellenlinien und Treppen ausgefüllt sind. Das in einen Kreis gestellte Kreuz im Zentrum des Beschläges weist den Träger als Christen aus. Der Skramasax, das kurze einschneidige Hiebschwert, steckt in einer Lederscheide. Sie ist allerdings viel einfacher angefertigt als die Scheide des Langschwertes und besteht nur aus einem zusammengefalteten und vernieteten Stück Leder. Ihr Rand ist mit einem Eisenband abgedeckt. Der Skramasax ist mit zwei dünnen Lederriemen am Gürtel befestigt. Auf die gleiche Weise ist auch die kleine Ledertasche am Gürtel angehängt. Darin befinden sich weitere Gegenstände: ein Messer, ein Feuerstein und Feuerstahl, eine Schere, eine Ahle, daneben aber auch einige an sich nutzlose Dinge wie eine kleine, zerbrochene Gürtelschnalle aus Bronze, ein verkrümmter Ziernagel aus Silber oder eine uralte römische Münze aus Kupfer. All dies hat dem Toten zu seinen Lebzeiten gehört. Über den Tod hinaus hat er Anrecht auf diese Sachen, denn seine persönliche Ausrüstung und seine Waffen wird er auch im weiteren, ewigen Leben benötigen.

Das Gräberfeld von Riaz / Tronche Bélon im Kanton Freiburg

Die Geschichte der Fundstelle

1. Bereits in der ersten Hälfte des 1. Jahrhunderts bestand hier ein Kultgebäude. Von ihm sind nur einige Pfostenlöcher und Steinsetzungen übriggeblieben.

2. Gegen Ende des 1. Jahrhunderts wurde an der gleichen Stelle ein richtiger Tempel gebaut. Mit dem Aushub der Fundamentgräber wurde das natürliche Hügelchen erhöht.

3. Der Tempel war ein sogenannter gallo-römischer Vierecktempel. Im Innern, Cella genannt, stand eine Statue des Kriegsgottes Mars Caturix. Ihm brachten die Gläubigen ihre Opfer dar.

4. Gegen Ende des 3. Jahrhunderts wurde der Tempel zerstört. Dies geschah wahrscheinlich bei einem der zahlreichen Alamanneneinfälle, die in jener Zeit stattfanden.

5. Im 6. und 7. Jahrhundert wurde das Ruinenfeld in der Umgebung des ehemaligen Tempels von der frühmittelalterlichen Bevölkerung als Gräberfeld benützt.

6. Die archäologische Fundstelle von Riaz/Tronche Bélon wurde von Abbé Jean Gremaud entdeckt. Er führte 1852/53 die ersten Ausgrabungen durch.

7. Wegen des bevorstehenden Autobahnbaus wurden der Tempel und das Gräberfeld von 1974 bis 1976 vollständig ausgegraben.

8. Anschließend wurden die Fundamentmauern des Tempels abgebrochen und – 18 Meter nach Westen verschoben – neu aufgemauert und der Öffentlichkeit zugänglich gemacht.

Fortsetzung auf den Seiten 50 bis 53

Die Beigaben aus einem Frauen- und einem Kindergrab aus Riaz.
Im Frauengrab lagen: eine tauschierte Gürtelschnalle, eine kleine Halskette aus Glasperlen, zu der vielleicht auch ein kleines Bronzeglöcklein gehörte, und zwei sogenannte S-Fibeln aus vergoldeter Bronze.

Das Kindergrab enthielt eine Scheibenfibel, einen vergoldeten Fingerring und eine Kette aus Glas- und Bernsteinperlen. Der Fingerring war, nach seinem Durchmesser zu schließen, für eine erwachsene Person bestimmt. Er ist sicher nie von dem hier bestatteten Kleinkind getragen worden, sondern ist ihm vermutlich als Amulett ins Grab gelegt worden.

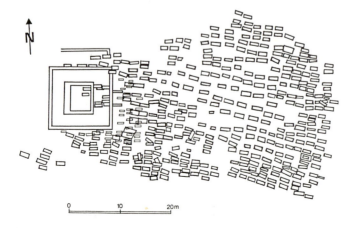

Der Gesamtplan von Riaz/Tronche Bélon zeigt, wie regelmäßig das Gräberfeld angelegt worden ist. In der Umgebung des Tempels ist das Gräberfeld durch die Grabungen des letzten Jahrhunderts gestört, so daß sich hier die Grabreihen nicht mehr so gut erkennen lassen.

Bronzene Gürtelschnallen aus dem Gräberfeld von Riaz.

Auch die Geschichte um den jungen Totengräber, der einen archäologischen Fund gemacht hat, ist frei erfunden, den Friedhof bei den Ruinen eines römischen Tempels aber hat es tatsächlich gegeben. Er lag bei Riaz im Kanton Freiburg und wurde vor rund zehn Jahren unter meiner Leitung ausgegraben. Wir haben dabei auch die in der Erzählung beschriebene Männerbestattung mit der Spatha freigelegt. In keinem andern Grab in Riaz ist eine derartige Waffe gefunden worden. Wir dürfen deshalb annehmen, daß dieser Mann zu Lebzeiten eine wichtige Rolle gespielt hat. Seine genaue Stellung kennen wir aber nicht. Mit Sicherheit jedoch hat er nicht Censonius geheißen. Während der Grabung blieb keine Zeit, für jedes freigelegte Skelett einen Phantasienamen zu erfinden. Für uns hieß «Censonius» damals ganz nüchtern «TBR 75, G 143». TBR bedeutet: Tronche Bélon (Flurname) in Riaz (Gemeinde), 75 steht für «ausgegraben 1975», G für «Grab» und 143 ist die Ordnungszahl des Grabes in der fortlaufenden Numerierung.

Bereits um die Mitte des letzten Jahrhunderts sind in Riaz die ersten Ausgrabungen gemacht worden. Damals hat Abbé Jean Gremaud den römischen Tempel und rund vierzig Gräber freilegen lassen. Wie dies so häufig der Fall war, hat man es seinerzeit leider auch hier versäumt, einen Lageplan zu zeichnen, und weil auch der damals gebräuchliche Flurname «Tronche Bélon» später nicht mehr verwendet wurde, ging die Kenntnis der Fundstelle mit der Zeit wieder verloren. Gründliche Sondierungen auf der Trasse der geplanten Autobahn N12 – alle zwanzig Meter wurde auf der Autobahnachse mit einem Bagger ein Sondierschnitt ausgehoben – führten im Frühling 1974 zur Wiederentdeckung der Fundstelle. Noch im gleichen Jahr konnte mit der eigentlichen Ausgrabung begonnen werden, die mit einigen Unterbrechungen bis zum Herbst 1976 andauerte. Im folgenden Jahr wurden die Fundamente des römischen Tempels, die durch die Böschung der Autobahn zerstört worden wären, abgebaut und, einige Meter nach Westen verschoben, neu aufgemauert. Wer heute auf der Autobahn von Vevey nach Bern fährt, der flitzt exakt beim Kilometerschild 28 an jener Stelle vorbei, wo früher «Censonius»/G 143 lag.

Das Gräberfeld umfaßte auf einer Gesamtfläche von ungefähr dreitausend Quadratmetern etwas mehr als vierhundert Gräber. Seine Grenzen verliefen besonders auf der Süd- und der Westseite so gerade, daß es wohl von einer Umzäunung eingegrenzt war. Die nach Osten gerichteten Gräber waren in regelmäßigen, parallelen Reihen angeordnet. Grabüberschneidungen wurden nur sehr selten beobachtet. Das heißt, daß die Gräber während der Belegungszeit an der Oberfläche markiert waren. Die meisten Toten lagen in rechteckigen Gräbern, die an einer oder mehreren Seiten von einer Steinsetzung eingefaßt waren. Sehr viel seltener waren solche aus Trockenmauerwerk und Steinplatten. Besonders diese aufwendig gebauten Gräber sind gerne mehrmals benützt worden, wobei die «alten Knochen» entweder achtlos beiseite geschoben oder aber am Rande des Grabes fein säuberlich aufgeschichtet wurden.

Etwa einem Drittel aller Bestatteten waren Beigaben mit ins Grab gelegt worden, vor allem Gürtelschnallen aus Eisen oder Bronze. Neben einfachen, nur aus Dorn und Bügel bestehenden Schnallen traten auch solche mit runden, zungenförmigen oder rechteckigen Beschlägen auf. Die Beschläg-

Die Entwicklung der Frauengürtel in der romanisch-burgundischen Westschweiz. Zu den rechteckigen Schnallen gehörte ab und zu auch ein schmales Gegenbeschläg (oben). Im ersten Drittel des 7. Jahrhunderts verdrängten die aus der fränkischen Mode kommenden großen, trapezförmigen Schnallen die einheimischen Gürtel. Nur das schmale Gegenbeschläg wurde anfänglich noch beibehalten (Mitte), später aber durch eine trapezförmige Beschlägplatte ersetzt (unten). Alle Schnallen kommen aus Gräberfeldern des Kantons Freiburg.

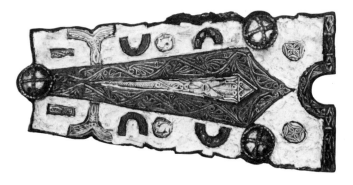

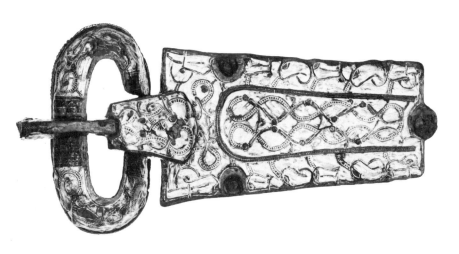

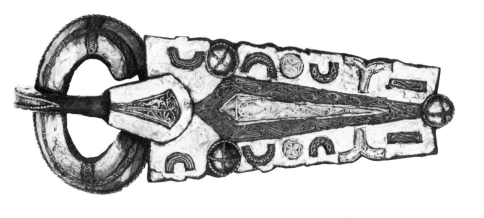

platte weist häufig eine Silbertauschierung auf, wobei die enormen Qualitätsunterschiede sofort auffallen. Die beschriebene Gürtelschnalle aus Grab 143 gehört zu den kunsthandwerklich besten Arbeiten. Unter den wesentlich weniger häufigen Schnallen aus Bronze sind die fünf «Danielschnallen» besonders hervorzuheben.

Neben Grab 143 enthielten noch zehn andere Männergräber einen Skramasax. Auch Reste der am Gürtel angehängten Tasche samt ihrem Inhalt wurden in einigen weiteren Gräbern gefunden. Neben den schon bei Grab 143 in der Gürteltasche festgestellten Werkzeugen und Geräten fanden sich dort auch noch Rasiermesser, Münzwaagen und in einem Grab auch neun kleine Silbermünzen, die aufeinandergestapelt in einem kleinen Stoffsäcklein verstaut worden waren.

Den Frauen hatte man neben dem Gürtel ihren Schmuck mit ins Grab gegeben, darunter etwa Halsketten aus Bernstein- und Glasperlen oder Fibeln aus Gold, Silber und Bronze.

Der gallo-römische Tempel wurde gegen Ende des 3. Jahrhunderts zerstört. Es vergingen fast zweihundertfünfzig Jahre, bis zu Beginn des 6. Jahrhunderts das mit Trümmern übersäte Ruinenfeld dann als Friedhof benützt wurde. Die ältesten Gräber wurden offenbar im zentralen, flachen Teil des Hügels angelegt, etwa zwanzig Meter östlich des ehemaligen Tempels. Im Verlaufe des 6. Jahrhunderts dehnte sich der Friedhof über den Hügelrücken nach Osten und Westen aus. Das beschriebene Grab 143 dürfte ins letzte Viertel dieses Jahrhunderts zu datieren sein. Schließlich wurden auch die nördliche und südliche Flanke des Hügels mit Gräbern belegt. Noch in der ersten Hälfte des 7. Jahrhunderts ist das Gräberfeld von Riaz/Tronche Bélon wieder aufgegeben worden.

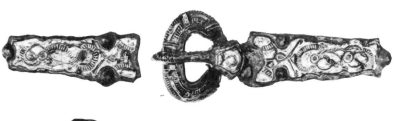

Die Gürtelgarnituren der Männer weisen um 600 n. Chr. zungen-, trapez- oder schwalbenschwanzförmige Beschläge auf. Eine quadratische Platte verstärkte den Gürtel im Rücken (links). Später wurden die Beschläge schmaler und in den Umrissen stärker profiliert. Das einzelne Rückenbeschläg wurde durch mehrere Gürtelbeschläge ersetzt. Eine Riemenzunge für das Gurtende vervollständigte die Gürtelgarnitur (rechts).

Titelblatt und Farbtafel aus der Erstveröffentlichung des Gräberfeldes von Elisried bei Schwarzenburg. Es war eines der ersten Gräberfelder, das nach modernen, wissenschaftlichen Methoden ausgegraben und ausgewertet wurde. Die Publikation ist noch heute brauchbar und lesenswert. Schon damals wurde erkannt, daß die Funde von Elisried Beziehungen zur Westschweiz und zum französischen Jura haben. Dieses geschlossene Fundgebiet nennen die Archäologen heute die «Romanische Trachtprovinz Nordburgund». Auf der Farbtafel erkennen wir eine Halskette aus Glas- und Bernsteinperlen sowie eine Knochenschnalle. Das durchbrochene Schaubild war mit Glimmerplättchen hinterlegt. Als Reliquie wurden im ausgehöhlten Beschläg einige Baumwollfasern aufbewahrt.

Die romanische Trachtprovinz Nordburgund

Noch vor nicht allzu langer Zeit hätte man Riaz / Tronche Bélon – ohne lange zu zögern – wie alle andern Friedhöfe des 6. und 7. Jahrhunderts in der Westschweiz als «burgundisches Gräberfeld» bezeichnet. Im angrenzenden ostfranzösischen Raum ist die unzutreffende Bezeichnung «nécropole burgonde» noch heute gang und gäbe. Viele Archäologen glaubten, diese Friedhöfe ohne weiteres den Burgundern zuschreiben zu dürfen, weil sie, geographisch gesehen, in Burgund lagen. Sie haben aber dabei nicht berücksichtigt, daß die Burgunder von der zahlenmäßig und kulturell überlegenen romanischen Bevölkerung sehr rasch aufgesogen worden sind. Im 6. Jahrhundert gab es die Burgunder als Volksgruppe gar nicht mehr, und nach der Eingliederung ins Frankenreich verschwand Burgund auch als politische Macht.

Die sogenannten «nécropoles burgondes» sind in Tat und Wahrheit also Bestattungsplätze der überwiegend romanischen Gesamtbevölkerung des

Sogenannte Preßblechscheibenfibeln aus verschiedenen Westschweizer Gräberfeldern. Solche Fibeln kommen nur im romanisch-burgundischen Kulturkreis vor. Sie sind billige Nachahmungen der goldenen Scheibenfibeln, die im ganzen Merowingerreich bekannt waren.

fränkischen Teilreichs Burgund. Einige Funde weisen aber tatsächlich ein sauber geschlossenes Verbreitungsgebiet auf, das die Westschweiz und die westlich angrenzenden Einzugsgebiete von Saône und Doubs umfaßt. In der archäologischen Fachliteratur spricht man deshalb von einer «romanischen Trachtprovinz Nordburgund». Gekennzeichnet wird diese etwa durch die bereits erwähnten Gürtelschnallen aus Bronze, deren Beschlägplatten biblische Bildmotive tragen (Typ D, für die Typenbezeichnungen siehe «Gürtelschnallen und Gürtel», Seite 60). Sie wurden gegen Ende des 6. Jahrhunderts von eisernen Schnallen mit rechteckigen, silbertauschierten Beschlägen abgelöst (Typ B). Zu diesen Schnallen gehörte ab und zu auch ein schmales, rechteckiges Gegenbeschläg. Die wenigen Gräber, die darüber hinaus weitere Funde lieferten, zeigen, daß die B-Schnallen von Frauen getragen wurden. Im 7. Jahrhundert traten die nach fränkischen Vorbildern gearbeiteten A-Schnallen – große, zweiteilige Garnituren mit trapezförmigem Beschläg und symmetrischem Gegenbeschläg – an ihre Stelle. Die bisherigen Tauschierungsmotive, Flechtbänder oder verschlungene Tierkörper, wurden durch einfachere, flächenhaft wirkende Muster ersetzt. Diese Garnituren waren bis zu 45 Zentimeter breit, über 1,5 Kilogramm schwer und sicher sehr unbequem. Und dabei wurden sie ausschließlich von Frauen getragen! Weitere Bestandteile der Frauentracht wie Fibeln, Ohrringe, Halsketten und Armringe waren nicht typisch für den romanisch-burgundischen Kulturkreis, sondern traten in ähnlichen Formen auch im übrigen Frankenreich auf.

Dasselbe galt für die Gürtelgarnituren der Männer, welche auch im romanisch-burgundischen Raum den gängigen Typen des gesamten fränkischen Reiches entsprachen. Auf einfache, beschläglose Schnallen aus Bronze oder Eisen folgten vom späten 6. Jahrhundert an tauschierte Gürtelschnallen und mehrteilige Garnituren mit zungen- oder schwalbenschwanzförmigen Beschlägen (Typ C) und rechteckiger Rückenplatte. Waffen wie Spatha und Sax kannte man im ganzen Frankenreich, nur wurden sie in der romanisch-burgundischen Kulturprovinz den Verstorbenen viel seltener mit ins Grab gegeben als im fränkischen und alamannischen Raum. Ganz generell läßt sich feststellen, daß die Beigabensitte in der romanisch-burgundischen Westschweiz weit weniger intensiv ausgeübt wurde als in der alamannischen Ostschweiz. Im alamannischen Gräberfeld von Bülach zum Beispiel wiesen 85 Prozent der Gräber Beigaben auf, in Riaz waren es knapp 30 Prozent. Dabei gilt Riaz sogar als ein für Westschweizer Verhältnisse reiches Gräberfeld. Das nur einen Kilometer entfernte und etwas jüngere Gräberfeld von Vuippens/La Palaz wies einen noch wesentlich niedrigeren Anteil beigabenführender Gräber auf.

Gürtelschnallen und Gürtel

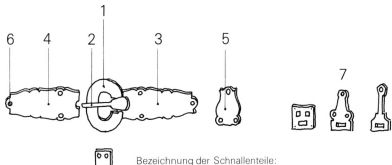

Bezeichnung der Schnallenteile:
1 Bügel, 2 Dorn, 3 Beschläg oder Beschlägplatte, 4 Gegenbeschläg, 5 Riemen- oder Rückenbeschläg, 6 Niete, 7 Ösenbeschläge, 8 Riemenzunge (selten).

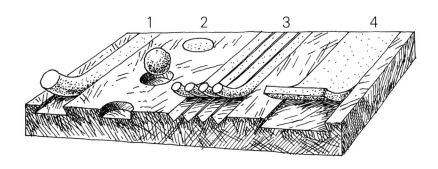

Gürtelschnallen in den verschiedensten Formen und aus den unterschiedlichsten Materialien gehören zu den auffallendsten und wichtigsten frühmittelalterlichen Grabfunden. Die Auswahl reicht von einfachen, schmucklosen, nur aus Bügel und Dorn bestehenden Schnallen, bis zu schweren, mehrteiligen Garnituren mit einer Vielzahl reich verzierter Beschläge. Gürtelschnallen wurden entweder aus Eisen geschmiedet, aus Bronze, Silber und Gold gegossen oder – seltener – aus Knochen geschnitzt.

Die Tauschierungstechnik

Eiserne Gürtelschnallen wurden häufig in der sogenannten Tauschierungstechnik verziert. Tauschieren heißt, ein härteres Metall durch Ein- oder Aufschlagen eines weicheren Metalls zu verzieren. Das Grundmetall ist dabei meist Eisen, das Dekormetall Silber, Gold oder Messing. Die Umrisse des Ziermotivs werden mit einem Stichel in den Metallgrund eingraviert und Edelmetalldrähte in die Ausnehmungen eingeschlagen. Wird ein flächig wirkendes Dekor angestrebt, rauht man die ganze Oberfläche auf und hämmert ein dünnes Gold- oder Silberblech darauf. Die gleiche Wirkung kann erzielt werden, wenn man Drähte eng nebeneinander einlegt und flachschlägt. Man spricht in diesen Fällen auch von Flächentauschierung oder Plattierung.

Die Gürtelschnallen des Frühmittelalters

Die typischsten Gürtelschnallen werden von den Fachleuten als A-, B-, C- und D-Schnallen bezeichnet.

Typ A oder A-Schnalle: Große, schwere Gürtelgarnitur aus Eisen mit trapezförmigem Beschläg und symmetrischem Gegenbeschläg. Plattiert oder tauschiert. Nach fränkischen Vorbildern von den Frauen im romanisch-burgundischen Kulturkreis übernommen. Löst im 7. Jahrhundert die B-Schnallen ab.

Typ B: Gürtelgarnitur aus Eisen mit rechteckigem Beschläg, gelegentlich schmalrechteckiges Gegenbeschläg. Tauschiert. Von den Frauen im romanisch-burgundischen Kulturkreis getragen. Ende 6. und Anfang 7. Jahrhundert.

Typ C: Gürtelgarnitur aus Eisen mit zungen-, schwalbenschwanz- oder trapezförmigem Beschläg und symmetrischem Gegenbeschläg. Oft ergänzt durch ein quadratisches Rückenbeschläg. Tauschiert oder plattiert. Von Männern im ganzen westlichen Merowingerreich getragen. Ende 6. bis Mitte 7. Jahrhundert.

Typ D: Gürtelschnalle aus Bronze mit figürlich verziertem, rechteckigem Beschläg. Vorwiegend von Frauen, seltener auch von Männern (Geistlichen?) im romanisch-burgundischen Kulturkreis getragen. 6. Jahrhundert.

Der Gürtel

Heute sind in der Regel nur noch die metallenen Schnallenteile erhalten, während der lederne Gürtelriemen schon längst vermodert ist. Lange Zeit war man sich über das Aussehen eines vollständigen Gürtels im unklaren. Die großen, schweren Gürtelbeschläge ließen zwar auf einen entsprechend soliden und breiten Lederriemen schließen. Eine wirklich befriedigende Rekonstruktion wollte aber nie richtig gelingen, weil das Ende eines derartig massiven Riemens immer das verzierte Schnallenbeschläg verdeckte, was ja sicher nicht beabsichtigt gewesen war. Dank neuerer Funde aus Deutschland und Frankreich wissen wir heute, daß die Gürtel aus weichem, schmiegsamem Leder bestanden, in das zur Verstärkung Schnüre und Riemchen eingezogen waren. Das Riemenende baumelte lose herunter, so daß jedermann die schöne Gürtelschnalle bewundern konnte.

Wie der Gürtel getragen wurde

Die Männer trugen, angehängt am Gürtel, den Skramasax, das einschneidige Hiebschwert, und hinten am Rücken eine kleine Tasche für Werkzeuge und Geräte. Grabungsbefunde und bildliche Darstellungen zeigen, daß die Waffe sowohl links als auch rechts getragen wurde. Das zusätzliche Gewicht machte eine Verstärkung des Gürtels durch weitere Rücken- oder Riemenbeschläge nötig. An aufgenieteten Ösenplättchen wurden Skramasax und Tasche festgebunden.
Bei der Gürteltracht der Frauen müssen wir unterscheiden zwischen dem alamannischen und dem romanisch-burgundischen Kulturkreis. Der Gürtel der Alamannin wurde von einer einfachen, schmucklosen Eisenschnalle verschlossen. Mit dünnen Lederriemchen waren am Gürtel verschiedene Werkzeuge und Geräte – Schlüssel, Messer, Kämme, Amulette, Zierscheiben, Lederbeutel usw. – angehängt. Aus dem romanisch-burgundischen Kulturkreis kennen wir nicht viel mehr als die verzierten Gürtelgarnituren. Vielleicht trugen hier die Frauen vorne am Gürtel eine kleine Tasche.
Die Romaninnen trugen ihre reich verzierten Gürtelgarnituren bestimmt sichtbar über dem Kleid. Hingegen war der schmucklose Gürtel der alamannischen Frauen wahrscheinlich von einem Hemd oder einer Jacke verdeckt.

Die Bedeutung des Gürtels

Der Gürtel war wesentlich mehr als nur ein reiner Bestandteil der Kleidung oder Tracht. Im spätrömischen Sprachgebrauch bedeutete nämlich «cingulum dare» = «den Gürtel geben», jemanden in ein Amt einzusetzen. Die gleiche Vorstellung kommt – in negativem Sinne – zum Ausdruck, wenn, wie Gregor von Tours berichtet, Königin Fredegunde einem ungetreuen Haushofmeister das Wehrgehänge wegnehmen ließ, ihn also auf diese Weise aus seinem Amt jagte. Der Gürtel galt aber auch als Sitz unheilabwehrender Kräfte. Diese Bedeutung ist besonders augenfällig bei den sogenannten Danielschnallen mit ihren christlichen Bildmotiven und Inschriften. Auch diese Funktion legt nahe, daß der Gürtel sichtbar über dem Kleid getragen wurde. Es ist kaum zufällig, daß sich am Gürtelgehänge der Alamanninnen sehr häufig Amulette finden, die hier anstelle der unsichtbaren Gurtschnalle die Schutz- und Abwehrfunktion übernehmen mußten.

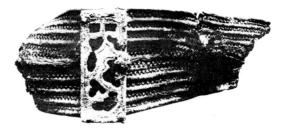

Gürtelfragment aus einem Grab in Augsburg.

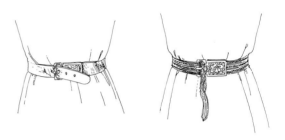

Falsche und richtige Rekonstruktion eines Gürtels.

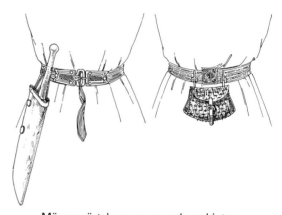

Männergürtel von vorne und von hinten.

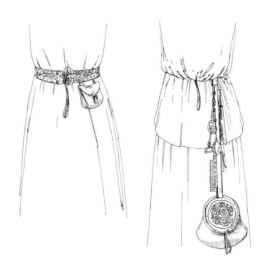

Frauengürtel: romanisch / burgundisch (links) und alamannisch (rechts).

Eine Gürtelschnalle wird restauriert

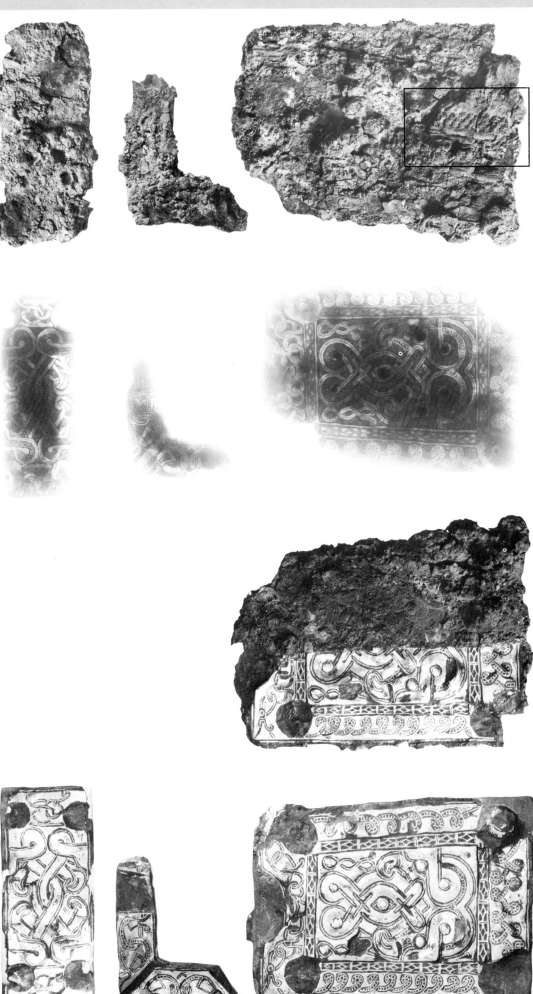

Die Bilder in der obersten Reihe zeigen, in welchem Zustand eiserne Gürtelschnallen normalerweise gefunden werden: unförmige Rostklumpen, die mit Erde und Steinchen verbacken sind. Aber auch in diesem Zustand können sie uns wertvolle Informationen liefern, denn ab und zu zeichnen sich im Rost Abdrücke von Stoff oder Leder ab. Bei unserem Beispiel, einem Fund aus Zuchwil im Kanton Solothurn, sind auf der Unterseite des Beschläges sehr deutliche Spuren des geflochtenen Gürtels zu erkennen (siehe Seite 61 oben).

Röntgenaufnahmen sind heute ein unentbehrliches Hilfsmittel des Restaurators (zweite Reihe von oben). Sie geben einen ersten Eindruck von dem, was sich unter dem Rost verbirgt. Mit einem feinen Sandstrahlgebläse oder mit Zahnarztinstrumenten werden die Tauschierungsmotive freigelegt. Eisengegenstände sind immer noch eines der Sorgenkinder der Museumskonservatoren und -restauratoren. Denn häufig frißt der Rost unter der sauber gereinigten Oberfläche weiter. Erst in den letzten Jahren sind neue Konservierungsmethoden entwickelt worden, die einen dauerhaften Schutz versprechen.

Luftaufnahme des Gräberfeldes von Sézegnin im Kanton Genf.
Wie in Riaz, sind die Gräber auch hier in regelmäßigen, nach Osten ausgerichteten Reihen angeordnet. An der Abbruchkante der Kiesgrube liegen die ältesten Gräber, die noch ins 4. Jahrhundert zurückgehen. Im Gegensatz zu den späteren Gräbern sind sie Nord-Süd orientiert.

Friedhof und Grab

Nach der Art seiner Friedhöfe wird das Frühmittelalter etwa auch als «Reihengräberfelderzeit» bezeichnet. Riaz / Tronche Bélon ist ein Musterbeispiel eines derartigen Gräberfeldes. Lange nicht alle Nekropolen dieser Zeit waren aber so regelmäßig angelegt wie Riaz, wo sich Grabreihen in beiden Richtungen über zwanzig und mehr Gräber hinweg verfolgen ließen und praktisch keine Grabüberschneidungen auftraten.

Die Bestattungsplätze wurden mit Vorliebe auf Hügelkuppen, an der Kante kiesiger Terrassen oder, wie im Falle von Riaz, im Trümmerfeld römischer Ruinen angelegt. Offenbar achtete man darauf, kein wertvolles Ackerland zu verlieren. Daneben dürften aber auch noch andere Faktoren, zum Beispiel erhöhte, weithin sichtbare Lage des Friedhofes, eine Rolle bei der Platzwahl gespielt haben. Auch wenn wir dies heute nicht mehr nachweisen können, dürfen wir aus den oftmals wie mit dem Lineal gezogenen Grenzen der Gräberfelder annehmen, daß sie eine Umzäunung aufwiesen. Auch innerhalb der Friedhöfe ist eine Gliederung mit Wegen, Hekken oder Mäuerchen anzunehmen. Gelegentlich stand im Friedhofsbezirk ein kleiner Gedächtnisbau, eine sogenannte Memoria, über oder neben einem oder mehreren Gräbern. Er diente als Andachtsraum, wo, verbunden mit einem Totenmahl, das Andenken an einen Verstorbenen gepflegt wurde. Diese bescheidenen, aus Holz oder Stein errichteten Kleinbauten entwickelten sich häufig zu eigentlichen Kirchen oder Kapellen. Derartige Memoiren sind nur aus Regionen mit stark romanischem Einschlag bekannt.

Die Bewohner der frühmittelalterlichen Kastellstädte bestatteten ihre Toten vorerst weiterhin ausschließlich nach antiker Tradition «extra muros», das heißt außerhalb der Stadtmauern. Bereits im 6. Jahrhundert wurde es aber Mode, sich «ad sanctos», das heißt in oder wenigstens bei einer Märtyrer- oder Heiligenkirche bestatten zu lassen. Die römische Vorschrift, daß nicht innerhalb der Siedlung bestattet werden durfte, wurde auf diese Weise mit der Zeit unterlaufen. Es waren dabei keineswegs nur Geistliche, die in den Gotteshäusern beerdigt wurden. Vor allem Angehörige der Oberschicht bemühten sich für ihr eigenes Seelenheil um eine Grabstätte möglichst nahe beim Grab des Heiligen. Auch ausgesprochene Übeltäter wurden, wie Gregor von Tours zu berichten weiß, in Kirchen beigesetzt. So soll in Toulouse ein gewisser Antonius – «ein hassenswerter Mensch und ein Feind Gottes» – in der Kathedrale St-Vincent, wo er schon zu Lebzeiten sein Grabmal vorbereitet hatte, bestattet worden sein. Während der Nacht, als jedermann ruhig schlief, wurde sein Sarkophag auf wunderbare Weise durch ein Kirchenfenster in den Hof geschleudert. So wenigstens behauptete es der fromme Chronist. Wahrscheinlich hatten aber doch einige kräftige Priester dem Wunder ein bißchen nachgeholfen! Viele Kirchen wurden so mit der Zeit in richtiggehende Friedhöfe verwandelt. Kirchliche und weltliche Behörden führten einen langen, aber wenig wirksamen Kampf gegen diese Unsitte. Karl der Große gestattete zu Be-

In einem Sarggrab – vom hölzernen Sarg sind nur ganz geringe Spuren übriggeblieben – sind ein Erwachsener und ein Kind beigesetzt worden. Auffallend ist, daß die erwachsene Person auf dem Bauch liegt.

Eine Zweitbestattung in einem von großen Steinen eingefaßten Grab. Die Reste der Erstbestattung sind zwischen die seitlichen Steinreihen gerückt worden.

ginn des 9. Jahrhunderts nur noch «Bischöfen, Äbten und guten und treuen Priestern», sich in Kirchen bestatten zu lassen. Aber auch dieses Gebot mußte von späteren Konzilien mehrmals wiederholt werden. Um etwas anderes handelte es sich bei den sogenannten Stiftergräbern in Kirchen. Nach dem Vorbild des Königsgeschlechtes stifteten auch zahlreiche adlige Großgrundbesitzer für sich und ihre Angehörigen auf ihrem eigenen Grund und Boden ebenfalls Begräbniskirchen. Das Grab des Kirchenstifters lag meist an besonderer Stelle, etwa in der Kirchenachse, vor dem Choreingang oder in einigen Fällen auch in einem eigenen Grabanbau.

Die Kartierung datierbarer Grabfunde gestattet uns, den Belegungsablauf eines Gräberfeldes nachzuvollziehen. So scheint Riaz/Tronche Bélon, von einem Kern ausgehend, mehr oder weniger sternförmig nach allen Seiten gewachsen zu sein. Andere Friedhöfe, wie etwa derjenige von Sézegnin im Kanton Genf, haben sich aus mehreren, offenbar einzelnen Familien zugewiesenen Zonen zu einem großen, zusammenhängenden Reihengräberfeld entwickelt. Im Verlaufe des 7. Jahrhunderts begann die Oberschicht, sich auf den Reihengräberfeldern von der übrigen Bevölkerung abzusetzen, wie die häufig festgestellten kleinen isolierten Gräbergruppen zeigen. Auch die meist nur wenige Gräber umfassenden Grabhügelnekropolen, wie wir sie etwa von Illnau-Effretikon im Kanton Zürich oder vom Hohberg bei Solothurn kennen, dürften Bestattungsplätze hochgestellter Familien gewesen sein. Diese Isolierungstendenzen führten nach und nach zum Verlassen der auf offenem Felde liegenden Reihengräberfelder. Zudem griff die Kirche seit der beginnenden Karolingerzeit viel stärker in das bis dahin auf Familienbasis organisierte Begräbniswesen ein. Fortan wurden Friedhöfe nur noch bei Kirchen angelegt, eine Regelung, die durch das ganze Mittelalter hindurch bis fast in unsere Zeit hinein alleinige Gültigkeit hatte.

Während Gräber in der Spätantike häufig Nord-Süd orientiert waren, wurden sie im Frühmittelalter in ihrer überwiegenden Mehrzahl nach Osten ausgerichtet. Im großen, während mehreren Jahrhunderten benützten Gräberfeld von Sézegnin ließ sich dieser Wechsel von Nord-Süd-Gräbern des 4./5. Jahrhunderts zu West-Ost-Gräbern des 5. bis 8. Jahrhunderts gut beobachten. Ob die Gräber nun tatsächlich auf die aufgehende Sonne ausgerichtet wurden, wie schon oft behauptet worden ist, wäre im Einzelfall jeweils noch zu überprüfen. Andere Faktoren, wie etwa die Geländeverhältnisse, haben sicher auch eine Rolle gespielt.

Das Frühmittelalter kannte nur die Körperbestattung. Aus der ganzen Schweiz ist kein einziges in diese Zeit zu datierendes Brandgrab bekannt. Vom einfachen Erdgrab abgesehen, können wir zwei Grabtypen unterscheiden: aus Stein gebaute Gräber und Gräber aus Holzwerk. Beide zerfallen in zahlreiche Varianten und Untergruppen. Sehr häufig waren Gräber, die entlang den Grubenwänden eine Steinsetzung aufwiesen. Ein solches Grab errichtete der junge Totengräber unserer Erzählung. Wesentlich mehr Arbeit erforderten die aus Trocken-

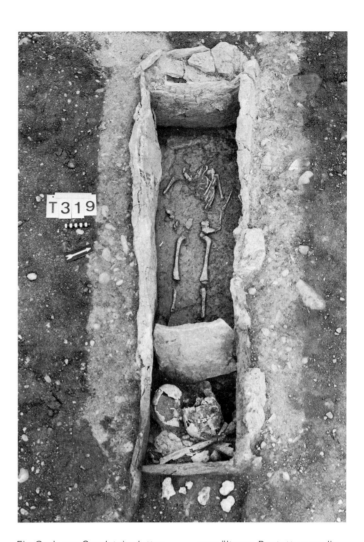

Ein Grab mit seitlichen Trockenmauern. Am Rande der Grabgrube sind die Reste von mindestens vier älteren Bestattungen aufgeschichtet worden.

Ein Grab aus Sandsteinplatten. An beiden Schmalseiten sind kleine Steinkisten abgetrennt worden, in denen die Knochen von älteren Bestattungen liegen. Schließlich blieb nur noch Platz für die Beisetzung eines Kindes.

mauerwerk oder großen Steinplatten gebauten Grabanlagen, die meist mit schweren Deckplatten verschlossen wurden. Platten- und Mauergräber traten vor allem in Regionen mit starker romanischer Tradition auf, genau wie die aus einem oder mehreren Steinblöcken herausgehauenen, trogartigen Sarkophage.

Weil sich Holzreste, wenn überhaupt, nur sehr schlecht erhalten haben und wahrscheinlich bei Ausgrabungen auch häufig übersehen worden sind, wissen wir über hölzerne Grabeinbauten sehr wenig. Hinweise auf Särge können etwa aber auch Eisenteile wie Nägel, Winkel oder Klammern geben. Aus dem fränkischen Gräberfeld von Basel/Bernerring kennen wir große, mit Brettern und Kanthölzern verschalte Kammergräber. Davon wird im nächsten Kapitel ausführlicher die Rede sein.

Normalerweise verrät sich heute ein frühmittelalterliches Grab durch nichts mehr an der Oberfläche. Wir haben aber bereits erwähnt, daß wegen der regelmäßigen Anlage der Gräberfelder die einzelnen Gräber oberirdisch sicher markiert waren. Grabsteine wurden selten gefunden. Sie waren nur in einem städtischen oder klösterlichen Umfeld üblich. Von möglicherweise einst vorhandenen hölzernen Grabzeichen sind keine Spuren übriggeblieben. Aus schriftlichen Quellen wissen wir, daß man Gräber auch durch Bepflanzung, Sträucher oder Gebüsch kennzeichnete oder etwa auch indem man über ihnen einen kleinen Erdhügel aufschüttete. Im eben genannten Gräberfeld am Bernerring waren drei Gräber, welche alle reiche Beigaben aufwiesen, durch drei Ringgräben von acht bis zehn Metern Durchmesser und rund einem Meter Tiefe eingefaßt. Bei Gräbern, die mehrere Schichten von Deckplatten aufwiesen, waren die obersten Platten vielleicht über dem Boden sichtbar. Gerade die Trockenmauer- und die Plattengräber waren sicher gut kenntlich gemacht und leicht wiederzufinden, denn sie wurden in der Regel mehrmals benützt. Die Überreste wurden dabei sehr unterschiedlich behandelt. Teils wurden die «alten Knochen» erbarmungslos beiseite geschaufelt, teils aber auch in einer kleinen, aus Steinen oder Platten innerhalb des ursprünglichen Grabes errichteten Kammer wieder beigesetzt. Mehrfachbestattungen in sorgfältig gebauten Grabanlagen sind eine für die Spätphase der Reihengräberzeit typische Erscheinung. Die Gräber waren vielleicht im Besitze einer Familie und dienten dieser über längere Zeit als eigentliche Familiengruft.

Normalerweise wurde der Tote, der häufig in ein Leichentuch eingewickelt war, auf dem Rücken liegend – Kopf im Westen, Füße im Osten – bestattet. Auf Abweichungen von dieser Regel werden wir noch zurückkommen. Die Arme waren meist dem Körper entlang gestreckt oder über Becken oder Bauch gelegt. Sehr viel seltener waren sie über der Brust gekreuzt, was aber keinen Hinweis auf den christlichen Glauben des Verstorbenen zuläßt, wie man lange geglaubt hat.

Häufig war dem Toten ein Teil seines Besitzes, Gegenstände, die ihm weiterhin dienen oder ihn beschützen sollten, mit ins Grab gegeben worden. Die Sitte, Verstorbene mit Beigaben aus-

In der Pfarrkirche von Frick im Kanton Aargau kam diese über und über mit Ritzzeichnungen verzierte Deckplatte eines Grabes zum Vorschein.

Ein aus Steinen und Mörtel sauber aufgemauertes Grab in der Kirche von Oberbipp im Kanton Bern. In den noch feuchten Mörtel ist der Umriß eines Toten, der in ein Leichentuch eingewickelt ist, gezeichnet worden.

zustatten, wurde im Frühmittelalter nicht überall und zu jeder Zeit gleich stark ausgeübt. Wir haben bereits erwähnt, daß die Romanen im 5. Jahrhundert ihre Toten ohne Beigaben bestatteten und daß sich die angesiedelten Burgunder diesem Brauch anschlossen. Unter fränkischem Einfluß kam die Beigabensitte zu Beginn des 6. Jahrhunderts auch im romanisch-burgundischen Kulturkreis wieder auf, wurde hier aber nie mit solcher Konsequenz praktiziert wie in der alamannischen Ostschweiz. Im Verlaufe der zweiten Hälfte des 7. Jahrhunderts wurde sie, offenbar von Westen nach Osten fortschreitend, wieder aufgegeben und war zu Beginn des 8. Jahrhunderts vollständig und für immer erloschen. Diese Veränderungen in der Bestattungssitte werden verständlich, wenn wir bedenken, welch unterschiedliche Kräfte das frühmittelalterliche Totenbrauchtum mitbestimmten. Da waren einerseits die Vorstellungen der immer noch sehr stark von der Spätantike geprägten einheimischen, romanischen Bevölkerung, andererseits die Traditionen der neu zugezogenen Germanen. Dazu wurde im Laufe der Zeit immer stärker der Einfluß der christlichen Kirche wirksam. Es ist aber sicher nicht zutreffend, Bestattungen ohne Beigaben einfach mit Christentum gleichzusetzen. Allzu viele Leute, von denen wir mit Sicherheit wissen, daß sie Christen waren, sind mit reichem Grabmobiliar versehen bestattet worden. Dem Volksglauben Rechnung tragend, hatte die Kirche gar nicht versucht, die Beigabensitte mit Vorschriften und Verboten zu bekämpfen, sondern ließ die Zeit für sich arbeiten.

Die Grabfunde lassen sich in zwei große Gruppen einteilen: erstens in Gegenstände, die dem Toten schon zu Lebzeiten gehört hatten, und zweitens solche, die ihm geschenkt wurden. Zur ersten Gruppe gehörten Kleidungsstücke und Kleidungszubehör, wie Gürtel und Schmuck, dazu weiterer persönlicher Besitz, etwa Werkzeuge, Geräte und Waffen. Im romanisch-burgundischen Kulturkreis beschränkte sich die Beigabensitte fast ausschließlich auf diese Fundgruppe, wobei Waffen – wir haben es bereits angesprochen – erst noch sehr selten auftraten. Nur die zweite Gruppe umfaßte, wörtlich genommen, die eigentlichen Bei-Gaben, wie Speisen, Getränke oder etwa auch den sogenannten Charonspfennig. Nahrungsmittelbeigaben lassen sich in der Regel nur noch anhand der Gefäße, wie Teller, Becher, Schüsseln oder Krüge, in denen sie ins Grab gelegt wurden, nachweisen. Der Charonspfennig geht auf die Vorstellung zurück, daß der Tote für die Fahrt über den in die Unterwelt führenden Fluß dem Fährmann Charon ein Fährgeld entrichten müsse. Deshalb wurde dem Toten eine Münze in die Hand gedrückt oder in den Mund gelegt. Dieser antike Brauch ist im frühen Mittelalter wieder aufgenommen worden. Im Gräberfeld von Kaiseraugst waren solche Totenoboli, es handelte sich dabei ausschließlich um römerzeitliche Kupfermünzen, die einzigen Funde aus den sonst beigabenlosen Gräbern des 5. Jahrhunderts. Auch in Riaz/Tronche Bélon und in Vuippens/La Palaz wurde dieser Brauch praktiziert.

Die zahllosen wertvollen und darüber

In einem fast völlig ausgeraubten Frauengrab im Gräberfeld von Bülach ist eine unvollständige, silbertauschierte Schuhschnallengarnitur liegengeblieben. Vielleicht wurden die Grabräuber gestört. Die fehlende Schnalle (eingerahmt) wurde von einer anderen Frau als Gürtelschnalle getragen!

hinaus in der Regel unbeschädigten und noch gebrauchsfähigen Grabbeigaben mußten natürlich Grabräuber anlocken. Daran konnten auch die schlimmsten Strafandrohungen wie Auspeitschen, Ächtung oder gar Todesstrafe nichts ändern. Im Gräberfeld von Bülach sind rund ein Sechstel aller Gräber bereits im Frühmittelalter teilweise oder ganz ausgeraubt worden. Besonders im 7. Jahrhundert schienen derartige Vandalenakte an der Tagesordnung gewesen zu sein. Wir wissen, daß in dieser Zeit ein akuter Mangel an Edelmetallen eintrat. Diese Rohstoffknappheit war sicher mit ein Grund für das häufige Auftreten der Grabräuber.

Praktisch in jedem Gräberfeld gab es Gräber, die durch eine abweichende Ausrichtung oder durch die ungewöhnliche Lage des Skelettes auffielen. Auch im sehr regelmäßig angelegten Friedhof von Riaz waren einige Gräber nach Süden statt nach Osten ausgerichtet. Im benachbarten Gräberfeld von Vuippens lag in einem Grab ein Skelett ohne Schädel, ein anderer Toter war auf dem Bauche liegend beigesetzt worden. Volks- und Völkerkunde zeigen uns Möglichkeiten, diese Abweichungen zu deuten. Die «Spezialbehandlung» wurde offenbar Toten zuteil, von denen man fürchtete, sie würden als Geister oder Wiedergänger zurückkehren und bei den Lebenden Unheil stiften. Es konnte sich dabei um Leute handeln, die schon zu Lebzeiten Außenseiter gewesen waren, wie die angebliche Hexe, die dem jungen Desinerius solche Angst eingejagt hatte. Zum gleichen Personenkreis gehörten auch Zauberer, Bettler, Ausgestoßene, Fremde oder Irre. Als sogenannte «gefährliche Tote» galten aber auch Personen, die auf außergewöhnliche Weise umgekommen waren, also etwa Selbstmörder, Verunglückte, Hingerichtete oder Frauen, die im Kindbett gestorben waren. Den besonderen Umständen des Todes wurde bei der Bestattung Rechnung getragen. Ziel der Abwehrmaßnahmen war es, die Wiederkehr des Beerdigten zu verhindern. Durch die «falsche» Richtung seines Grabes sollte er sein Dorf nicht mehr finden können. Indem man ihn in Bauchlage bestattete, schwere Steine auf sein Grab legte oder ihn verstümmelte, wollte man den Toten am Verlassen seines Grabes hindern. Derartige Vorstellungen sind im Volksglauben noch lange über das Frühmittelalter hinaus lebendig geblieben.

Bilder einer Ausstellung

1977 gestaltete eine Gruppe von Mitarbeitern des Archäologischen Dienstes des Kantons Freiburg eine Ausstellung, die mit großem Erfolg in mehreren Städten und Ortschaften gezeigt wurde. Die Ausstellung war den kurz zuvor beim Autobahnbau entdeckten frühmittelalterlichen Gräberfeldern von Riaz, Vuippens und Ried gewidmet, die alle auch in diesem Buch vorgestellt werden.

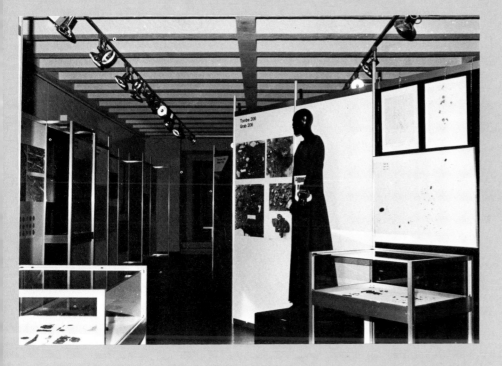

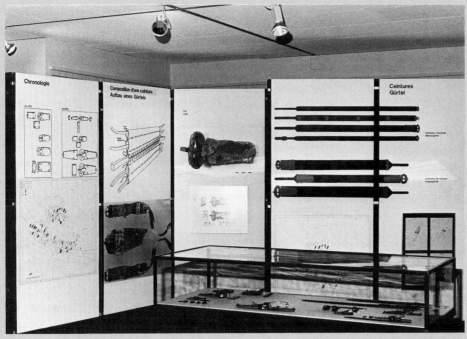

Ausstellungen sind ganz besonders gut geeignet, ein weites interessiertes Publikum möglichst rasch über die neuesten Ausgrabungen zu informieren. Wer die abschließende Publikation einer Ausgrabung abwarten will, der muß nämlich unter Umständen sehr viel Geduld haben. Dazu kommt, daß diese wissenschaftlichen Veröffentlichungen meist in einem für einen Laien kaum mehr verständlichen «Fach-Chinesisch» abgefaßt werden.

In einer Ausstellung hingegen haben wir die Möglichkeit, Fundgegenstände, Bilder und Texte miteinander zu verbinden. So können auch komplizierte Sachverhalte und Zusammenhänge einfach, klar und allgemeinverständlich dargestellt werden. Modelle, Schaufensterpuppen, Tonbildschauen – heute auch Video-Filme – sind weitere Hilfsmittel, die uns zur Gestaltung einer Ausstellung zur Verfügung stehen. In der Ausstellung über die Gräberfelder im Kanton Freiburg waren sogar zwei Arbeitsplätze eingerichtet, damit man einem Restaurator und einem Zeichner bei der Arbeit zuschauen konnte.

Wie in der Fachliteratur, so wird das Frühmittelalter auch in vielen Museen recht stiefmütterlich behandelt und ist häufig in den Vitrinen nur sehr schwach vertreten. Um so wichtiger sind größere Einzelausstellungen, die ausschließlich diesem Zeitabschnitt gewidmet sind.

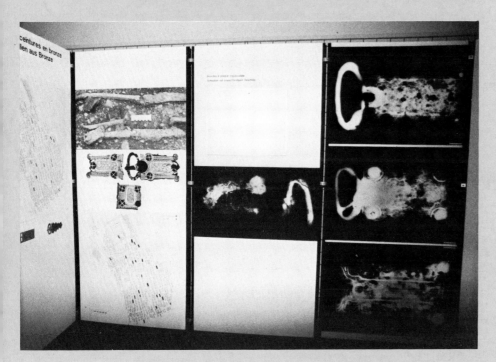

Die Franken,

Ein Fest am Bernerring

Erleichtert atmet der Reiter auf, als er in der Ferne die Mauern und Türme des Kastellstädtchens Basilia (Basel) vor sich auftauchen sieht. Aufmunternd klopft er seinem Pferd, das ebenso erschöpft ist wie er selbst, auf den Hals. Vor mehreren Tagen ist er von seinem Herrn losgeschickt worden, um Moßbert, einem fränkischen Gutsherrn, der an der Fernstraße südlich von Basilia wohnt, die Ankunft seines Vetters Magimar zu melden. Kurz vor einem kleinen Fluß, der nach Norden fließt und beim Kastell in den Rhein mündet, verläßt der Bote die alte Landstraße und wendet sich nach rechts, wo an einem Abhang eine Gruppe größerer und kleinerer Gebäude liegt, die von einem mannshohen Zaun umgeben ist. Lautes Hundegebell empfängt ihn, als er sich dem Hoftor nähert. Ein junger Mann erscheint hinter dem Gatter.
«Wer bist du, und was willst du hier?» ruft er dem Fremden zu.
«Bleibe, wo du bist, oder ich lasse die Hunde los!»
«Nur ruhig Blut, mein Freund», entgegnet der Reiter, «ich komme in friedlicher Absicht.»
Vorsichtshalber bleibt er aber dennoch auf Distanz. Es wäre nicht das erste Mal, daß ein Mann von scharfen Hofhunden schwer verletzt oder gar getötet würde.
«Sag mir lieber, ob dies das Haus von Moßbert ist, und wenn ja, so berichte deinem Herrn, daß sein Vetter Magimar mit seiner Gefolgschaft in zwei Tagen hier eintreffen wird. Er bringt wichtige Neuigkeiten mit sich und hat manches mit deinem Meister zu besprechen. Aber nun laß mich endlich herein, wenn mein Pferd und ich nicht auf der Stelle vor Hunger und Durst tot umfallen sollen.»
Die Ankunft des Boten löst auf dem Gutshof geschäftiges Treiben aus. Moßbert und seine Gefolgsleute sind fast ständig auf der Jagd, damit die erwarteten Gäste mit Wildschweinkoteletten oder Rehrücken verwöhnt werden können. Für die Hirschjagd können die Männer zum erstenmal eine junge Hirschkuh als Locktier einsetzen. Moßberts Sohn hat vor einem Jahr ein halbverhungertes, verlassenes Hirschkalb gefunden und großgezogen. Jetzt ist das Tier ausgewachsen und völlig zahm.
Während sein Sohn mit den beiden Knechten Zwelif und Sehs in die hügeligen Wälder südlich des Gutshofes zieht, um dort sein Jagdglück zu versuchen, wendet sich Moßbert mit seinen Männern nach Norden. In den Auen und Wäldern am Rhein wollen sie Jagd auf Enten, Tauben, Rebhühner, Wachteln und Fasane machen. Während die Gefolgsleute mit Pfeil und Bogen ausgerüstet sind, braucht sich ihr hoch zu Roß sitzender Chef nicht mehr selbst um seine Jagdbeute zu bemühen. Dies besorgt ein Jagdfalke für ihn. An der rechten Hand trägt Moßbert einen dicken Lederhandschuh, der ihn vor den scharfen Krallen des Raubvogels schützt. Der Kopf des Falken ist mit einer Lederkappe bedeckt. Erst wenn die Männer einen Vogel aufgescheucht haben,

Europas neue Herren

nimmt Moßbert seinem Falken die Kappe ab und läßt ihn fliegen. Blitzschnell schießt dieser auf die Beute los, tötet sie und läßt sie liegen, so daß Moßbert die Vögel nur noch einzusammeln braucht. Eine sehr bequeme Art, auf die Jagd zu gehen. Dafür hat Moßbert für seinen Falken auch ein Vermögen ausgeben müssen, fast doppelt soviel wie für ein gutes Pferd.

Aber auch auf dem Gutshof selbst ist man nicht untätig geblieben. Sweinssugintisibun, die Frau des Gutsherrn, hat den Großknecht mit einem Fuhrwerk ins Castrum Rauracense (Kaiseraugst) geschickt, um Wein, Met und Bier zu besorgen. Nun sind die Mägde Finfzehan und Zwa dabei, aus den verschiedenen Fässern die Getränke zu mischen, welche den Gästen ausgeschenkt werden sollen. Dem Met, einem abgekochten und vergorenen Gemisch aus Wasser und Honig, geben sie Wein bei. Der Wein selbst wird mit Wasser verdünnt, mit Honig gesüßt oder mit einem Kräuterwermut abgeschmeckt. Sibunzehan, die älteste der Mägde, hat sich von einem der Knechte den Skramasax ausgeliehen. Damit hat sie einem halben Dutzend junger Hühner die Köpfe abgehauen und zwei Ferkel geschlachtet, die am Bratspieß über der Glut gebraten werden sollen. Auch das Backhaus ist gut angeheizt worden, und die Mägde schieben gerade die ersten Brote in den Ofen. Aus den Vorratskammern der umliegenden Bauernhöfe, die alle Moßbert gehören, werden große Mengen von Lebensmitteln, Schinken, Speckseiten, Würsten, aber auch Käselaibe und Töpfe mit eingemachtem Obst- und Beerenmus herbeigeschafft. Endlich trifft Magimar mit seinen Gefolgsleuten und Knechten ein. Die beiden Sippenchefs begrüßen sich lautstark und mit viel Schulterklopfen. Sie sind nicht nur miteinander verwandt; mehr noch verbindet sie, daß sie zusammen schon an mehreren Kriegszügen der fränkischen Könige teilgenommen haben. Sie werden sicher die Gelegenheit nützen und die gemeinsamen Erinnerungen auffrischen. Bevor sich Magimar mit den Seinen im Badehaus entspannen und von den Anstrengungen der Reise erholen kann, muß er auf Moßberts Drängen mit der wichtigen Neuigkeit herausrücken, die sein Bote bereits angekündigt hat. Er berichtet, daß König Chlothar vor kurzem gestorben sei. Seine Söhne hätten ihn in Soissons in der Kirche des heiligen Medardus bestattet. Nun munkle man, daß unter den Söhnen bereits Erbstreitigkeiten ausgebrochen seien. Es sei durchaus möglich, daß es zwischen den verfeindeten Erben sogar zum Krieg komme. Unruhige Zeiten stünden bevor. Da sei es gut, wenn sie, Magimar und Moßbert, sich gegenseitig ihre Hilfe und Unterstützung zusicherten.

Natürlich bildet der Tod des greisen Königs auch beim abendlichen Festmahl das Hauptgesprächsthema. Einundfünfzig Jahre lang war Chlothar, der letzte der vier Söhne des Reichs-

begründers Chlodwig, König der Franken gewesen. Anfänglich war er von seinen älteren Brüdern bei der Erbteilung benachteiligt gewesen, hatte aber in den letzten Jahren allein über das Frankenreich geherrscht. Von seinem Ende weiß Magimar zu berichten, daß der König auf der Jagd von einem heimtückischen Fieber befallen worden sei. Selbst seine letzten Worte kennt er: «Ach, was glaubt ihr, wie groß muß jener König des Himmels sein, der so mächtige Könige so elend umkommen läßt.»

«Vermutlich sind Kummer und Ärger über seinen Sohn Chramn mitschuldig an Chlothars Tod gewesen», meint einer aus der Tafelrunde. «Wie wir wissen, hat sich Chramn mit seinem Onkel Childebert, einem Bruder Chlothars, gegen seinen eigenen Vater verschworen. Daraufhin schickte Chlothar seine Söhne Charibert und Gunthram, Chramns Halbbrüder, gegen diesen ins Feld. Doch Chramn weigerte sich, das Gebiet herauszugeben, denn er hatte es bereits zum Zeichen seines Herrschaftsantrittes umritten. Chramn hat seine Gegner überlistet, indem er ihnen den Tod des Vaters, der zur gleichen Zeit gegen die Sachsen kämpfte, melden ließ. Von dieser falschen Nachricht erschreckt, kehrten Charibert und Gunthram sofort nach Hause zurück. Später zog Chramn mit dem Grafen der Bretonen gegen seinen Vater ins Feld. Da ist er aber geschlagen und gefangengenommen worden. Chlothar hat sich grausam an seinem ungetreuen Sohn gerächt. Zusammen mit Frau und Töchtern wurde Chramn in eine Hütte gesperrt und dort mit einem Tuch erdrosselt. Dann entzündeten Chlothars Knechte die Hütte über den Häuptern der Unglücklichen.»

«Zimperlich ist er nie gewesen, der König Chlothar, auch wenn es um sein eigenes Fleisch und Blut ging», wirft Moßbert ein. «Schon vor vielen Jahren, ich war damals selbst noch ein Knabe, hat man sich erzählt, wie er mit den Kindern seines Bruders Chlodomer umgegangen ist. Damals ist Chlodomer im Kampf gegen die Burgunder getötet worden. Er hinterließ eine Witwe namens Guntheuka, mit der Chlothar sich nach kurzer Zeit vermählte. Ihre beiden unmündigen Söhne kamen in die Obhut ihrer Großmutter Chrodechilde. Childebert und Chlothar wollten das Reich ihres Bruders unter sich aufteilen und sich deshalb der legitimen Erben entledigen.

Zur Überraschung der Ausgräber kamen in zwei Gräbern am Bernerring nicht Gebeine von Menschen, sondern von einem Pferd und einem Hirsch zum Vorschein. Pferdebestattungen sind im germanischen Gebiet nichts Außergewöhnliches. Die abgebildete Hirschbestattung ist aber für das Frühmittelalter einmalig. Aus den Germanengesetzen wissen wir, daß Hirsche als Locktiere für die Jagd gehalten wurden. Ein solches Tier stellte einen sehr wertvollen Besitz dar. Wie Waffen, Pferd, Reitzeug usw., so folgte auch der Lockhirsch seinem Eigentümer ins Grab.

Sie sandten Boten zu Chrodechilde nach Paris, denen sie die Kinder übergeben sollte, angeblich, um sie auf den Thron zu erheben. Chrodechilde durchschaute die List nicht und gab den Gesandten die Kinder mit. Nachdem Chlothar und Childebert auf diese Weise die Knaben in ihre Gewalt gebracht hatten, sandten sie erneut einen Boten zu Chrodechilde. Dieser zeigte ihr ein gezücktes Schwert und eine Schere und sagte, ihre Söhne wünschten ihren Willen zu erfahren. Sie wollten wissen, was mit den beiden Knaben geschehen sollte, ob man ihnen die Locken scheren und sie am Leben lassen sollte oder ob beide umgebracht werden sollten. Von Schmerz überwältigt und ohne lange zu überlegen, zog sie es vor, sie tot zu sehen, wenn sie schon nicht auf den Thron erhoben würden. Mit dieser Antwort kehrte der Bote zu den Königen Childebert und Chlothar zurück. Chlothar packte sofort den älteren Knaben und stach ihn mit einem Messer nieder. Als der zweite Knabe den Todesschrei seines Bruders hörte, warf er sich Childebert zu Füßen, umklammerte seine Knie und flehte unter Tränen um Gnade. Childebert ließ sich erweichen und bat Chlothar, den Knaben am Leben zu lassen. Doch Chlothar verhöhnte ihn nur und meinte, Childebert sei ja der Anstifter dieser Sache gewesen, und er solle sie jetzt gefälligst auch zu Ende führen, sonst werde er ebenfalls umgebracht. Da warf ihm Childebert den Knaben zu, und Chlothar tötete ihn, wie er auch den Älteren getötet hatte. Anschließend wurden auch sämtliche Diener und Erzieher der Kinder umgebracht. Das Reich Chlodomers teilten die beiden Könige nun unter sich auf, denn der dritte Knabe namens Chlodowald hatte sich selber die Locken geschnitten als sichtbares Zeichen seines Verzichtes auf die Königswürde.»

Nach dieser blutrünstigen Geschichte genehmigt sich die ganze Tafelrunde einen tüchtigen Schluck aus dem Weinbecher oder dem Bierhumpen. Schon längst sind die Speisen abgeräumt, aber wie es sich gehört, wird nach dem Essen noch tüchtig weitergezecht.

«Zur Aufheiterung kann ich euch eine andere Geschichte von Chlothar erzählen», hebt Magimar an. «Unsere Könige erscheinen darin zwar auch nicht gerade als Musterknaben, aber immerhin ist das Ganze unblutig zu Ende gegangen. Chlothar und sein Bruder Theuderich unternahmen einen Kriegszug gegen die Thüringer. Während dieses Feldzuges versuchte Theuderich einen Anschlag gegen seinen Bruder. In seinem Haus ließ er einen Vorhang von Wand zu Wand spannen, hinter dem er bewaffnete Männer versteckte. Dann ließ er Chlothar rufen, als wollte er etwas mit ihm besprechen. Doch sein Plan war, ihn umbringen zu lassen. Weil der Vorhang aber zu kurz war, konnte man die Füße der versteckten Krieger sehen. Chlothar bemerkte sie wirklich, und er und seine Leute betraten nun ebenfalls bewaffnet Theuderichs Haus. Als der erkannte, daß seine Verschwörung durchschaut war, suchte er nach Ausflüchten und sprach bald von diesem und bald von jenem. Schließlich schenkte er Chlothar eine große silberne Schale. Chlothar dankte ihm herzlich, verabschiedete sich und kehrte zu seinem Haus zurück. Kaum war er weg, da reute es Theuderich, daß er die schöne Schale verschenkt hatte, und er sandte seinen Sohn Theudebert zu Chlothar, um sie zurückzuverlangen. Theudebert tat, wie ihm geheißen, und erhielt tatsächlich zurück, worum er gebeten hatte!»

Nun erhebt sich Tudeibald, ein ebenso

Der goldene Siegelring der Königin Arnegunde, einer der Gattinnen König Chlothars. Das Grab der Königin ist in den fünfziger Jahren in der Kathedrale St-Denis bei Paris entdeckt worden.

Childebert und Chlothar ermorden die Söhne und rechtmäßigen Erben ihres Bruders Chlodomer, der im Kampf gegen die Burgunder gefallen war.
Illustration aus einem alten französischen Geschichtsbuch.

trinkfester wie sangesfreudiger Mann aus Moßberts Gefolge. Sich selber mit der Leier begleitend, singt er ein Lied von der Heirat Chlothars mit Arnegunde: Chlothar war bereits mit Ingunde verheiratet, da bat sie ihn eines Tages, für ihre Schwester Arnegunde einen angesehenen und wohlhabenden Mann zu suchen. Kurz entschlossen ritt Chlothar zu Arnegunde und vermählte sich mit ihr. Als er zurückkam, sagte er zu Ingunde:
«Ich habe versucht, dir die Gunst zu gewähren, um welche deine süße Liebe mich bat. Und da ich einen reichen und weisen Mann suchte, welchem ich deine Schwester vermählen könnte, habe ich keinen besseren gefunden als mich selbst. So wisse denn, daß ich sie zum Weibe genommen habe.»
Den wenig anständigen Refrain des Liedes singen alle lauthals mit.
Nun folgt ein Lied nach dem anderen, und da Singen bekanntlich Durst macht, müssen die Mägde und Knechte immer wieder Wein und Bier nachschenken.
«Ja, ja, Chlothar und die Frauen! Das ist ein Kapitel für sich», ruft Moßbert aus. «Er muß mindestens ein halbes Dutzend Ehefrauen gehabt haben. Zuerst war doch da Chunsina; sie gebar ihm Chramn, der ihm soviel Kummer bereitet hat. Dann kam Ingunde; mit ihr hatte er viele Kinder, die aber nicht mehr alle am Leben sind. Dann folgte Arnegunde, die ihm den Chilperich schenkte. Schließlich kamen noch Guntheuka, Radegunde und Wal...»
«Das stimmt nicht ganz, was du da behauptest», fällt ihm Magimar ins Wort, «Chlothars erste Gattin war nicht Chunsina, sondern Ingunde, denn mit ihr hatte er einen Sohn, der schon vor fast dreißig Jahren ein erwachsener Mann war. Also muß Chlothar sehr früh die Ingunde zur Frau genommen haben.»
«Glaubst du etwa, Chramn hätte als Kleinkind gegen seinen Vater Krieg geführt?» fährt Moßbert wütend auf. Es gefällt ihm gar nicht, von einem Jüngeren, dazu noch vor seinen Gefolgsleuten, berichtigt zu werden.
«Du kannst so laut schreien, wie du willst», entgegnet Magimar, «ich habe trotzdem recht.» Nun mischen sich auch die übrigen ein. Jeder will es besser wissen als der andere. Jeder kennt eine andere Reihenfolge der Königsgattinnen. Die Stimmen werden immer lauter, die Stimmung immer gereizter. Als Magimar zur Unterstützung seiner Ansicht mit der Faust auf den Tisch haut und dabei zwei der kostbaren gläsernen Trinkbecher zu Bruch gehen, verliert Moßbert endgültig die Geduld. Er entreißt der ahnungslosen Magd Drizehan den Biereimer, den sie soeben nachgefüllt hat, und stülpt ihn samt Inhalt Magimar über den Kopf. Mit lautem Geschrei gehen dessen Gefolgsleute auf Moßbert los, und aus dem Fest zur Besiegelung eines Freundschaftsbundes wird im Nu eine handfeste Prügelei. Glücklicherweise sind alle dermaßen betrunken, daß sie nicht mehr fähig sind, nach ihren Schwertern und Lanzen zu suchen.

Wir wollen an dieser Stelle die erfundene Keilerei verlassen, die für fränkische Verhältnisse noch ganz glimpflich abläuft. Beulen und Kopfweh werden nach einigen Tagen vergessen sein. Magimar und Moßbert werden ihren Streit begraben, was ohnehin gescheiter ist, denn bis heute ist die Frage, wann Chlothar mit wem verheiratet war, ungeklärt geblieben! Wir wollen uns statt dessen anderen Fragen zuwenden. Wer waren die in unserer Geschichte auftretenden Leute? Wer sind die Franken? Und schließlich: Wer sind diese Könige, von denen soviel die Rede war?

Das Gräberfeld von Basel / Bernerring

Bisher ist es reine Vermutung, daß sich Moßberts Gutshof an der beschriebenen Stelle, an der Fernstraße südlich des Kastellstädtchens Basel, befunden hat. Was wir hingegen sehr gut kennen, ist der Friedhof, der zur Siedlung gehörte. Er befand sich am Bernerring in der Nähe des Basler Zoos. Einige in unserer Erzählung auftretende Personen tragen als Namen ganz einfach ihre Grabnummer, allerdings in annähernd althochdeutscher Sprache. Aus den Gräbern 6 und 12 wurden so die Knechte Sehs und Zwelif, aus dem reich ausgestatteten Frauengrab 27 wurde Sweinssugintisibun, die Frau des Gutsherrn.

Das Gräberfeld am Bernerring wurde entdeckt, als 1931 in einem damals noch unbebauten Gebiet südlich der Stadt das Straßennetz erweitert wurde. Dank verschiedener glücklicher Umstände wissen wir über die hier beerdigten Leute wesentlich mehr, als sich gemeinhin aus einem Gräberfeld herauslesen läßt. Der Bernerring diente nur kurze Zeit als Friedhof, und man hat den Toten viele gut datierbare Beigaben mit ins Grab gelegt. Vor allem aber haben der Ausgräber und der spätere wissenschaftliche Bearbeiter sehr gründliche und sorgfältige Arbeit geleistet. So können wir den Lebenslauf einzelner Personen gut verfolgen. Wir können Angaben machen über ihren gesellschaftlichen Rang. In einigen Fällen ist es sogar möglich, mit ziemlicher Sicherheit festzustellen, wer mit wem verheiratet war!

Das Gräberfeld ist wesentlich weniger regelmäßig angelegt als das von Riaz. Eine innere Gliederung läßt sich aber dennoch erkennen. Der ältere Teil mit nach Nordosten gerichteten Gräbern liegt beidseits eines vermuteten Weges; die reicheren befinden sich unmittel-

Eine kleine Auswahl von Beigaben aus dem reichsten Männergrab vom Bernerring (siehe auch Seite 80). Die etwa 6×3 Zentimeter große Gürtelschnalle (oben) ist aus Silber gegossen. Das durchbrochene Beschläg ist mit einer vergoldeten Silberplatte hinterlegt. Die Schnalle stammt nicht aus einer einheimischen Goldschmiedewerkstatt, sondern ist von ihrem Besitzer – vielleicht während eines Feldzuges – in Oberitalien erworben worden.

Die kleine, sehr dünnwandige Schale (links unten) gehört eigentlich noch in spätrömische Zeit. Sie war mehr als 150 Jahre alt, als sie ihrem letzten Eigentümer ins Grab gelegt wurde.

Von dem bronze- und eisenbeschlagenen Eimer (rechts oben und unten) sind bei der Ausgrabung nur geringe Holzreste gefunden worden. Die erhaltenen Metallteile erlaubten aber dennoch eine zuverlässige Nachbildung.

In derartigen Eimern, sie faßten etwa 2,5 bis 3 Liter, wurde Bier ausgeschenkt.

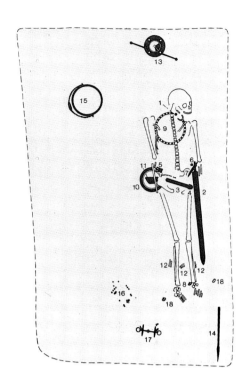

Grabungsfoto, Zeichnung und Rekonstruktionsversuch eines reich ausgestatteten Kammergrabes vom Bernerring (siehe auch Seiten 78/79).
1. Goldmünze (Totenobolus), 2. Spatha, 3. Skramasax, 4. Teile der Saxscheide, 5. silberne Gürtelschnalle, 6. kleine Bronzeschnalle von Tasche, 7. Messer, 8. kleine Eisenschnalle, 9. Bronzebecken, 10. Keramiktopf, 11. Glasschale, 12. Knochen (Speisereste), 13. Schildbuckel und -griff, 14. Lanzenspitze, 15. Holzeimer, 16. Beschläge des Zaumzeugs, 17. Trense, 18. Schnallen der Sattelgurten.

bar am Weg und die ärmeren diskret im Hintergrund. Die jüngeren, nach Osten ausgerichteten Gräber gruppieren sich um drei reiche Bestattungen, die von großen, kreisrunden Gräben eingefaßt waren.

Rund die Hälfte aller Gräber waren sogenannte Kammergräber, die einzigen in unserem Land. Es handelt sich dabei um breite, rechteckige Schächte, deren Wände, Boden und Decke mit Brettern verschalt waren. Der Tote und seine Ausstattung nahmen nur einen Teil der Grabkammer in Anspruch, während die freie Seite – im Gräberfeld am Bernerring war es immer die südliche – weitere Beigaben enthalten konnte. Spuren der Holzeinbauten haben sich nur in Form von Bodenverfärbungen erhalten. Die Kammergräber waren nicht nur länger und breiter, sondern in der Regel auch tiefer als die gewöhnlichen Sarggräber. Für das Ausheben eines Kammergrabes mußte mindestens dreimal so lange geschaufelt werden wie für ein Sarggrab. Gewisse Grabbeigaben wie Schwert, Lanze, Schild, Bronze- oder Glasgefäße, Holzeimer, Totenobolus, Speisen usw. fanden sich nur in den Kammergräbern. Aufwendiger Grabbau und besondere Beigaben widerspiegeln die gesellschaftliche Gliederung der Leute vom Bernerring. Wir können eine Oberschicht, bestehend aus Anführer, Gefolgsleuten und Angehörigen, von einer Unterschicht aus Mägden und Knechten unterscheiden. In den reichsten Männergräbern waren die drei Anführer bestattet worden. Die Gräber liegen zeitlich je zehn bis zwanzig Jahre auseinander und zeichnen sich durch besondere Beigaben wie Reitzeug, Bronzebecken, Holzeimer und Goldmünzen aus. Der erste «Chef» ist um 540 n. Chr. als etwa Vierzigjähriger mit drei verheirateten und zwei ledigen Gefolgsleuten in die Gegend von Basel gezogen. Mit ihm kamen fünf bis sechs junge Knechte im Alter von fünfzehn bis zwanzig Jahren und drei ältere Mägde. Zur Gruppe gehörten schließlich auch acht Kinder, die gleichmäßig auf Ober- und Unterschicht verteilt waren. Ähnlich zusammengesetzt war wahrscheinlich die Bernerring-Bevölkerung im Jahre 561, dem Todesjahr König Chlothars, der in unserer Geschichte mehrmals erwähnt wird. Für die spätere Zeit sind derartige Angaben kaum mehr möglich, da offenbar nicht mehr alle Toten im angestammten Friedhof bestattet worden sind. Um 580/90 wurde das Gräberfeld am Bernerring nach einer Benützungszeit

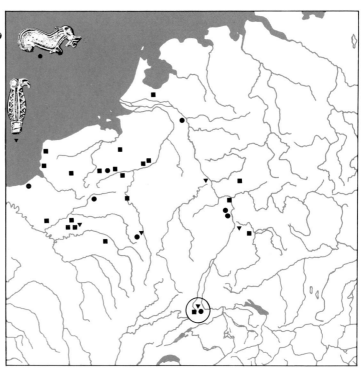

Die Fibeln einer vornehmen Frau aus der Einwanderergeneration. Vielleicht war sie die Frau des ersten «Chefs». Die Verbreitungskarte (oben) zeigt deutlich, daß die Bernerring-Leute aus dem fränkischen Gebiet zugewandert sind.
Das gleiche Verbreitungsbild zeigen auch die metallbeschlagenen Holzeimer (unten).

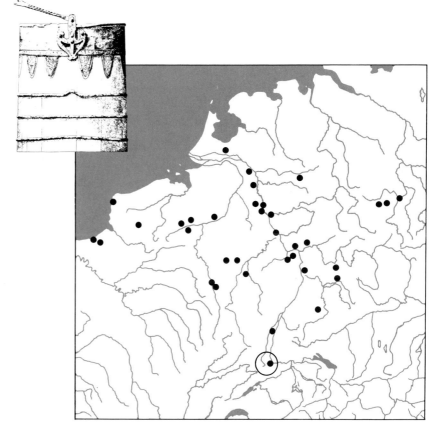

Eine Anzahl weiterer Funde aus dem Gräberfeld am Bernerring:
Links ein mit bronzenen Zierblechen beschlagenes Kästchen und eine Halskette. Die hölzernen Kastenteile sind rekonstruiert.
Rechts eine vergoldete Fünfknopffibel aus Silber mit Almandineinlagen.
Rechts außen zwei Halsketten aus farbigen Glas- und Bernsteinperlen.
Rechts unten eine kleine Münzwaage aus Bronze. Im Gegensatz zu den übrigen Funden stammt sie aus einem Männergrab. Mit derartigen Waagen konnten Münzen auf ihren Edelmetallgehalt geprüft werden.

von knapp fünfzig Jahren wieder aufgegeben.
Wer waren die hier beerdigten Leute? Woher und weshalb sind sie in die Gegend von Basel gekommen?
Während R. Laur-Belart, der Ausgräber, noch eine alamannische Bevölkerung angenommen hatte, zeigte die sorgfältige Auswertung durch M. Martin, daß es sich um den Bestattungsplatz einer fränkischen Siedlergruppe handeln muß. Große, breite Kammergräber kommen nur in Gebieten vor, die von Franken besiedelt waren. Auch viele Funde aus dem Gräberfeld sind typisch fränkisch.
Um den Grund der Ansiedlung am Bernerring zu verstehen, müssen wir einiges aus der fränkischen Geschichte vorwegnehmen. Innerhalb weniger Jahre war es den fränkischen Königen gelungen, ihren Machtbereich im Osten zu verdoppeln. 531 waren die Thüringer unterworfen worden. In den folgenden Jahren wurde der Burgunderkönig Godomar besiegt und sein Reich unter die fränkischen Teilreiche aufgeteilt. 537 schließlich mußten die Ostgoten ihre Schutzherrschaft über das Gebiet der Alamannen und über Rätien an die Franken abtreten. Diese suchten ihre Herrschaft in den neu eroberten Gebieten zu sichern und zu festigen. In diesen Rahmen ist auch die Ansiedlung der Leute vom Bernerring zu stellen. Mit ihrer Wohnsitznahme bekundeten die Siedler den in Basel und Kaiseraugst lebenden Romanen in unmißverständlicher Weise den fränkischen Machtanspruch.
Kaum zu beantworten sind Fragen nach dem inneren Aufbau dieser fränkischen Siedlergruppe. War es eine Sippe, eine Großfamilie, oder waren es mehrere Kleinfamilien, die miteinander in die Fremde gezogen waren? Deutlicher faßbar ist ihre ständische Gliederung. Die Anführer mit ihrer besonders reichen Grabausstattung – mit Holzeimern, Bronzebecken, Reitzeug, Goldmünzen – waren Angehörige des Kleinadels. Der reichste von ihnen besaß unter anderem auch eine byzantinische Gürtelschnalle aus Silber. M. Martin bezeichnet ihn als «besseren Herrn aus dem niedrigen Adel». Bei den übrigen Angehörigen der Oberschicht, denen Spatha, Lanze und Schild mit ins Grab gegeben wurden, handelte es sich um die Gefolgsleute des Gutsherrn und nicht, wie noch R. Laur-Belart angenommen hatte, um freie Bauern. Ein adliger Herr und sein Gefolge mühten sich nicht mit Landarbeit ab. Standesgemäßes Leben bedeutete für sie Krieg, Jagd, Müßiggang und Gelage. Die Gefolgschaft – je größer, desto besser – verlieh dem Adelsherrn Macht und Ansehen, kostete ihn aber auch einiges, hatte er doch in Krieg und Frieden für sie aufzukommen. Ein derartiger Lebenswandel war aber nur möglich, wenn sich zahlreiche abhängige Leute für den Herrn und sein Gefolge abrackerten. Die Dienerschaft des Herrenhofes sorgte für das leibliche Wohl; sie betreute die Tiere und begleitete Herrn und Gefolgsleute auf der Jagd und bei Kriegszügen. Ihre Stellung war mit der eines Knappen der späteren Ritter vergleichbar. Um mit seinem kleinen Gefolge von vier bis fünf Mann ein seinem Stande entsprechendes Leben führen zu können, brauchte der Herr vom Bernerring ausgedehnten Grundbesitz mit mehre-

ren Höfen, die von abhängigen Bauern bewirtschaftet wurden.
Fränkische Siedler sind außer am Bernerring nirgends in der Schweiz bekannt. Wie uns aber vereinzelte Grabfunde aus den verschiedensten Landesteilen zeigen, müssen einige Franken auch als Amtsträger in unsere Gegend gekommen sein. Obwohl die Franken als Siedler kaum in Erscheinung traten, haben sie als politische Führungsmacht die Geschichte unseres Landes vom zweiten Drittel des 6. Jahrhunderts an entscheidend geprägt.

Romanen und Germanen im Rampenlicht

Menschen aus dem 5., 6. und 7. Jahrhundert, jung und alt, arm und reich, stellen sich auf den nächsten Seiten vor.

Herkunft:
Sézegnin GE, Grab 276.

Beigaben:
Eiserne Gürtelschnalle mit einem Silberblech belegt. In der Mitte des Beschlägs eine vergoldete Fassung mit einem Halbedelstein.

Datierung:
zweite Hälfte 5. Jahrhundert.

Bemerkung:
Schädel künstlich deformiert.

Weitere Angaben:
Seiten 32, 63, 116.

Herkunft:
Riaz/Tronche Bélon FR, Grab 86.

Beigaben:
Eiserne Gürtelschnalle mit rundem Beschläg und Bronzenieten. Zwei Riemenbeschläge. Am Gürtel angehängt kleiner Skramasax und Tasche mit Inhalt: Kleines Messer und Feuerstahl.

Datierung:
zweite Hälfte 6. Jahrhundert.

Bemerkung:
Kindergrab.

Weitere Angaben:
Seiten 48-57.

Herkunft:
Schöftland AG/Pfarrkirche, Grab 23.

Beigaben:
Spatha mit Scheide und silbertauschiertem Wehrgehänge, Skramasax, zwei Lanzen, Schild. Vielteilige Gürtelgarnitur, mit Silber und Messing tauschiert. Sporengarnitur aus Bronze, Pferdegeschirr mit silber-messingtauschierten Beschlägen, Knebeltrense, Knochenkamm, Rasiermesser, Schere. Holzgefäß, eingefaßt mit Knochen- und Bronzelamellen, zwei Glasgefäße, diverse Eisenteile.

Datierung:
um 660/670.

Bemerkung:
Angehöriger des Adels, meist in Begleitung von Leibeigenen, die sich um Pferd, Waffen und Ausrüstung kümmern.

Weitere Angaben:
Seiten 109-111.

Herkunft:
Zofingen AG/Stadtkirche, Grab 86.

Beigaben:
Goldene Scheibenfibel mit Almandineinlagen, ein Paar goldene Körbchenohrringe mit Filigranverzierung, halbrunder Goldring, massiver goldener Fingerring, Bronzedrahtring. Gürtelschnalle aus Bronze, Taschengehänge mit Messer samt Scheide, Knochenkamm und fünf Bronzeringen. Spinnwirtel aus Ton und Spindel aus Elfenbein.

Datierung:
um 600.

Bemerkung:
Angehörige der Oberschicht.

Herkunft:
Vuippens/La Palaz FR, Grab 91.

Beigaben:
Skramasax. Stark abgenützte, silbertauschierte Gürtelschnalle, Pfriem und Meißel in Gürteltasche. Zwei Stöcke oder Krücken mit eisernen Spitzen.

Datierung:
Ende 6. Jahrhundert.

Bemerkung:
Alter Mann, an Stöcken oder Krücken gehend.

Weitere Angaben:
Seiten 10/11.

Herkunft:
Riaz/Tronche Bélon FR, Grab 386.

Beigaben:
Vergoldete Preßblechscheibenfibel, vergoldeter Kästchenfingerring mit Glaseinlagen, Kette aus Glas- und Bernsteinperlen.

Datierung:
erste Hälfte 7. Jahrhundert.

Bemerkung:
Kindergrab.

Weitere Angaben:
Seite 54.

Herkunft:
Vuippens/La Palaz FR, Grab 120.

Beigaben:
Große, silber-messingtauschierte Gürtelgarnitur vom Typ A. Fingerring aus Bronze.

Datierung:
um 630/40.

Bemerkung:
keine.

Weitere Angaben:
Seiten 10/11, 56/57, 60.

Herkunft:
Riaz/Tronche Bélon FR, Grab 160.

Beigaben:
Silbertauschierte Gürtelgarnitur des Typs C, bestehend aus Schnalle, Gegenbeschläg und quadratischem Rückenbeschläg. Skramasax.

Datierung:
um 600.

Bemerkung:
Gleiche Gürtelgarnituren kommen auch in der Ostschweiz vor.

Weitere Angaben:
Seiten 48–57, 60.

Herkunft:
Riaz/Tronche Bélon FR, Grab 416.

Beigaben:
Silbertauschierte Gürtelgarnitur vom Typ B. Zwei vergoldete S-Fibeln aus Bronze, Kette aus Glasperlen.

Datierung:
um 600.

Bemerkung:
B-Schnalle mit weiteren Beigaben. Sehr selten!

Weitere Angaben:
Seiten 54, 60.

Herkunft:
Oerlingen ZH, Grab 30.

Beigaben:
Halskette und Armband aus Glasperlen. Gürtelschnalle aus Eisen. Gürtelgehänge mit Tasche, eingefaßt von einem Ring aus Elfenbein. Auf der Tasche eine Zierscheibe aus Bronze. Am Gehänge eine Kette mit angehängter Tigerschnecke, ein Messer, ein Knochenkamm, eine Zierkette aus Bronze mit einem Zierrädchen. Schuhschnallen aus Silber.

Datierung:
um 600.

Bemerkung:
Tigerschneckenhäuser wurden als Amulette getragen und sind Importgüter aus dem Nahen Osten.

Herkunft:
Bülach ZH, Grab 106.

Beigaben:
Spatha mit Gehänge, Skramasax mit verzierter Scheide. Silbertauschierte Gürtelgarnitur vom Typ C, bestehend aus Schnalle, Gegenbeschläg und quadratischem Rückenbeschläg. Gürteltasche mit Inhalt: Messer, Pfriem, Ahle, Pinzette, Feinwaage.

Datierung:
Anfang 7. Jahrhundert.

Herkunft:
Bülach ZH, Grab 18.

Beigaben:
Durchbrochene Gürtelschnalle aus Silber. Skramasax. Reflexbogen mit Griff aus Knochen, zwölf Pfeilspitzen, Schild. Schuhschnallen aus Bronze. Messer, Knochenkamm, zwei Glasgefäße.

Datierung:
zweite Hälfte 6. Jahrhundert.

Bemerkung:
Gürtelschnalle und Bogen weisen auf einen Fremden, vielleicht einen Angehörigen eines östlichen Reitervolkes, hin.

Weitere Angaben:
Seite 114.

Bemerkung:
Achtung! Das Steinbeil in der rechten Hand gehört nicht ins Frühmittelalter, sondern in die Jungsteinzeit (siehe Fundort Schweiz, Band 1). Wer gut sucht, der wird auf mehreren Bildern ein derartiges, nicht ins Frühmittelalter passendes Kuckucksei - einen sogenannten Anachronismus - entdecken.

Herkunft:
Riaz/Tronche Bélon FR, Grab 131.

Beigaben:
Zwei Pferdchenfibeln aus Silber, vergoldete Preßblechscheibenfibel mit Glaseinlagen.

Datierung:
um 600.

Bemerkung:
Kindergrab.

Weitere Angaben:
Seite 59.

Herkunft:
Ried/Mühlehölzli FR, Grab 20.

Beigaben:
Silbertauschierte Gürtelschnalle vom Typ B mit schmalrechteckigem Gegenbeschläg. Defekte gleicharmige Fibel aus Bronze.

Datierung:
um 600.

Bemerkung:
Kindergrab. Die Schnalle ist für ein Kind eigentlich zu groß, deshalb wahrscheinlich als schützendes Amulett ins Grab gelegt.

Weitere Angaben:
Seiten 56/57, 60.

Herkunft:
Bülach ZH/Kirche St. Laurentius, Übername: «Isterwoda».

Beigaben:
Goldblechscheibenfibel mit Almandin- und Glaseinlagen, zwei silberne Körbchenohrringe, Haarnadel aus Bronze, vier Halsketten aus Glas-, Bernstein- und Amethystperlen. Verzierte Wadenriemen- und Schuhgarnituren aus Bronze. Gehänge mit durchbrochener Zierscheibe aus Bronze, Zierketten sowie ring- und kreuzförmigen Zierblechen aus Bronze.

Datierung:
um 650.

Bemerkung:
Angehörige der Oberschicht.

Weitere Angaben:
Seiten 112/113.

Chlodwig und der Krug von Soissons, eine durch Gregor von Tours überlieferte Episode aus dem Leben des fränkischen Reichsgründers.
Nach der Plünderung einer Kirche beanspruchte der König über seinen eigenen Beuteanteil hinaus zusätzlich einen wertvollen Krug, den das Los einem seiner Krieger zugesprochen hatte. Der Soldat weigerte sich, den Krug herauszugeben, und zerschlug ihn mit seiner Streitaxt. Ein Jahr später, bei der nächsten Heeresmusterung erschlug Chlodwig den widerspenstigen Krieger mit der Axt, indem er ausrief: «So hast du es einst mit dem Krug in Soissons gemacht!»
Illustration aus einem alten französischen Geschichtsbuch.

Funde aus dem Gräberfeld an der Bäckerstraße in Zürich, nach einer Farbtafel der Originalpublikation von 1900. Die an der Bäckerstraße bestatteten Menschen müssen, wie die Funde zeigen, mindestens zum Teil Franken gewesen sein; Leute, die um 530/540 als Beauftragte der Merowingerkönige in unser Land kamen.

Die Franken

«Viele erzählen aber, die Franken seien aus Pannonien gekommen und hätten sich zuerst an den Ufern des Rheins niedergelassen», schreibt Gregor von Tours über die Herkunft der Franken. Während im zweiten Teil des Satzes ein wahrer Kern stecken dürfte, handelt es sich beim ersten Abschnitt um frommes Wunschdenken des Chronisten; denn stammte nicht der heilige Martin (etwa 316–397), der Schutzpatron der fränkischen Könige, aus eben diesem Pannonien, dem heutigen Ungarn. Da lag es natürlich nahe, eine Verbindung herzustellen, auch wenn man dabei der Wahrheit etwas unter die Arme greifen mußte.
Vollends in den Bereich der Fabel gehört die in der Fredegarchronik geäußerte Vermutung, die Heimat der Franken läge in Troja in Kleinasien. Dies ist eine plumpe Geschichtsfälschung, die zum Ziel hatte, die Franken den Römern und Griechen, den Kulturvölkern der Antike, gleichberechtigt an die Seite zu stellen.
Wenn Geschichtsschreiber zu phantasieren anfangen, so wissen sie in der Regel zum betreffenden Thema nichts Genaues zu berichten. Gerechterweise muß man aber zugeben, daß wir über die Anfänge der fränkischen Geschichte immer noch nicht sehr viel mehr wissen als Gregor von Tours oder Fredegar. Der Stammesname tritt erstmals um die Mitte des 3. Jahrhunderts auf, als verschiedene Germanenstämme tief ins Römische Reich eindrangen. So sollen im Jahre 257 fränkische Kriegerscharen bis nach Tarragona an der spanischen Mittelmeerküste gelangt sein. Auch in den folgenden Jahrzehnten kam es immer wieder zu derartigen Plünderzügen. Die römische Verwaltung bemühte sich, aus dieser Situation das Beste zu machen, und versuchte, die Germanen gegen Geld oder Land für sich zu gewinnen und für den Grenzschutz einzusetzen. Je nach politischer Lage konnten in der Folge fränkische Truppen als Verbündete oder Feinde Roms auftreten. Seit dem 4. Jahrhundert wurden immer mehr Franken im nördlichen Gallien seßhaft, wo eine eigentliche galloromisch-germanische Mischzivilisation entstand.
Über die Gesellschaftsordnung dieser fränkischen Siedler wissen wir sehr wenig. Gregor von Tours berichtet, daß die Franken «nach Gauen und Stadtbezirken gelockte Könige aus ihrem adligsten Geschlecht» über sich gesetzt hätten. Das lange, gelockte Haar war auch in späterer Zeit sichtbares Wahrzeichen der Königsfamilie. Als ersten ihm bekannten fränkischen Kleinkönig nennt Gregor einen Chlodio oder Chlogio. Aus dem gleichen Geschlecht soll ein sonst nicht weiter bekannter König Merowech stammen. Erwähnenswert ist er bloß deshalb, weil er der Merowingerdynastie den Namen gegeben hat. Mit Merowechs mutmaßlichem Sohn und Nachfolger Childerich I., König von etwa 455 bis 481/82, verbessert sich die Quellenlage. Dieser Kleinkönig ist uns nicht nur aus schriftlichen Aufzeichnungen, sondern auch aus der archäologischen Überlieferung bekannt. Sein Grab ist nämlich im Jahre 1653 bei einer Kirche vor den Stadtmauern von Tournai in Belgien gefunden worden. Nach germanischem Brauch ist der König mit reichen Beigaben, seinen golddurchwirkten Kleidern, seinen mit

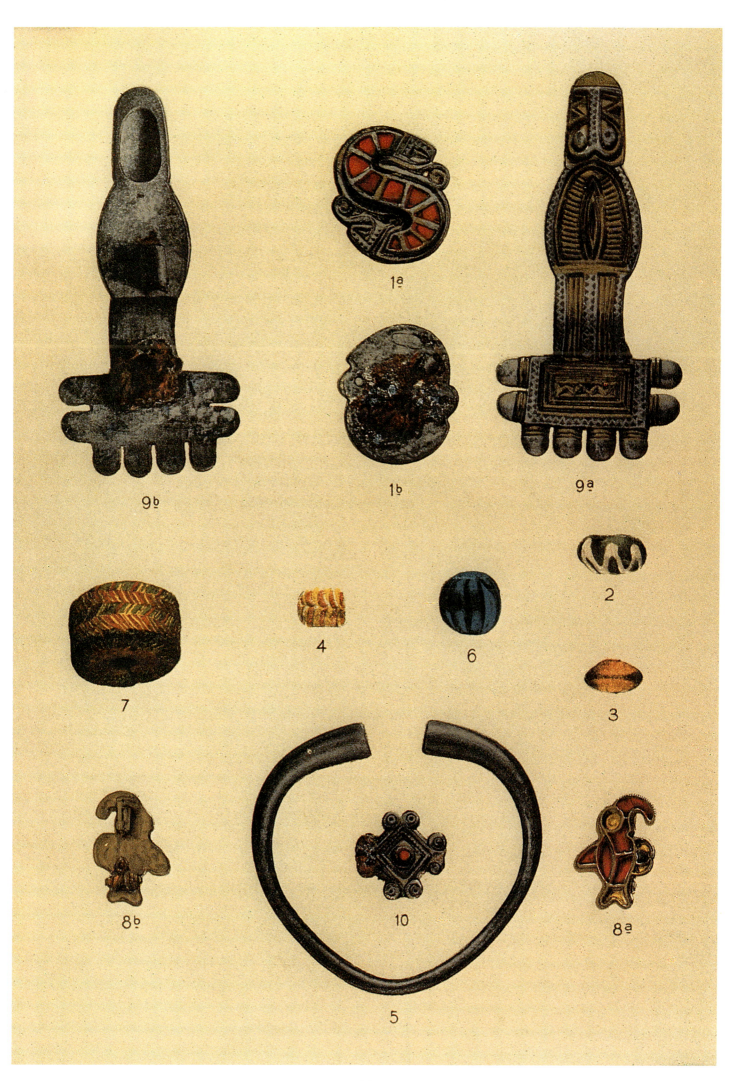

Schlacht der Franken gegen die Alamannen bei Zülpich am Niederrhein.
Nach Gregor von Tours hat Chlodwig versprochen, im Falle eines Sieges den christlichen Glauben anzunehmen. Illustration aus einem alten französischen Geschichtsbuch.

Gold und Edelsteinen verzierten Waffen und Gerätschaften und sogar mit seinem Pferd bestattet worden. Ein schwerer goldener Siegelring mit der Inschrift CHILDIRICI REGIS erlaubte die eindeutige Identifizierung des Bestatteten. Nach einer wechselvollen Geschichte wurde der größte Teil des Childerichschatzes 1831 aus der königlichen Bibliothek in Paris gestohlen. Die wenigen Schmuckstücke, die heute noch vorhanden sind, wurden 1832 von einem Taucher aus der Seine gehoben. Einer der Diebe hatte zugegeben, seinen Anteil, in Lederbeutel verpackt, in den Fluß geworfen zu haben. Auch der Rest der Diebesbeute konnte schließlich wieder gefunden werden, allerdings nur noch in Form von Goldbarren!

Nachfolger Childerichs wurde im Alter von nur sechzehn Jahren sein Sohn Chlodwig. Er wurde zum eigentlichen Begründer des Fränkischen Reiches. Bei seinem Regierungsantritt war er bloß einer von zahlreichen Kleinkönigen; sein Herrschaftsgebiet umfaßte nicht viel mehr als die nächste Umgebung der Stadt Tournai. Bei seinem Tod hinterließ er seinen Erben ein Reich, das sich von der Nordsee bis zu den Pyrenäen erstreckte. Zielstrebig und skrupellos beseitigte Chlodwig, oder Chlodowech, wie er auch genannt wurde, alle Widersacher und baute seine Macht aus. Dabei scheute er sich nicht, seinen Rivalen, bei denen es sich zu einem guten Teil um nahe Verwandte handelte, wenn nötig eigenhändig mit der Streitaxt den Schädel zu spalten. Bereits in seinen ersten Regierungsjahren beseitigte er die letzten Reste römischer Herrschaft in Gallien. Den gefangenen römischen Statthalter Syagrius ließ er heimlich hinrichten. Unaufhaltsam vergrößerte Chlodwig in den folgenden Jahren seinen Machtbereich. Neben den Bretonen gerieten auch die Thüringer und die Alamannen in seine Abhängigkeit. Zusammen mit dem Burgunderkönig Gundobad griff Chlodwig im Jahre 507 die Westgoten an. Diese wurden vernichtend geschlagen und verloren den größten Teil ihres französischen Besitzes. Erst das Eingreifen Theoderichs des Großen, des über Italien herrschenden Ostgotenkönigs, setzte der fränkischen Ausdehnung nach Süden ein vorläufiges Ende. Chlodwig war bei allem Machthunger klug genug, seine Kräfte richtig einzuschätzen, und er vermied es deshalb, diesen überlegenen Gegner herauszufordern.

Seinen sicheren politischen Instinkt zeigte Chlodwig auch, als er in den letzten Jahren des 5. Jahrhunderts zum katholischen Glauben übertrat. Nach der Überlieferung soll Chlodwig, als er in einer Schlacht gegen die Alamannen in Bedrängnis geriet, seine Bekehrung versprochen haben, falls ihm der Gott der Christen den Sieg schenken würde. In Tat und Wahrheit war dieser Glaubenswechsel sicher keine spontane, auf dem Schlachtfeld getroffene Entscheidung, sondern das Resultat kühler Überlegung. Denn mit seinem Übertritt zum «rechten» Glauben sicherte sich Chlodwig die Unterstützung der einflußreichen katholischen Bischöfe und die Sympathie der überwiegend romanischen Bevölkerung seines Reiches. Damit war eine der wesentlichsten Voraussetzungen für eine dauerhafte Herrschaftsbildung geschaffen.

511 starb Chlodwig im Alter von erst 45 Jahren. Sein zusammengeraubtes Reich wurde nach germanischem Brauch unter seine vier Söhne: Chlodomer, Theuderich, Childebert und Chlothar, die alle in unserer Erzählung auftraten, aufgeteilt. Sie betrachteten das Frankenreich als ihren persönlichen Besitz, über den sie nach Gutdünken verfügen konnten. Macht- und beutehungrig wie ihr Vater eroberten Chlodwigs Nachfolger kurz hintereinander Thüringen, Burgund und die Provence. Auch die restlichen Alamannen, die bisher unter ostgoti-

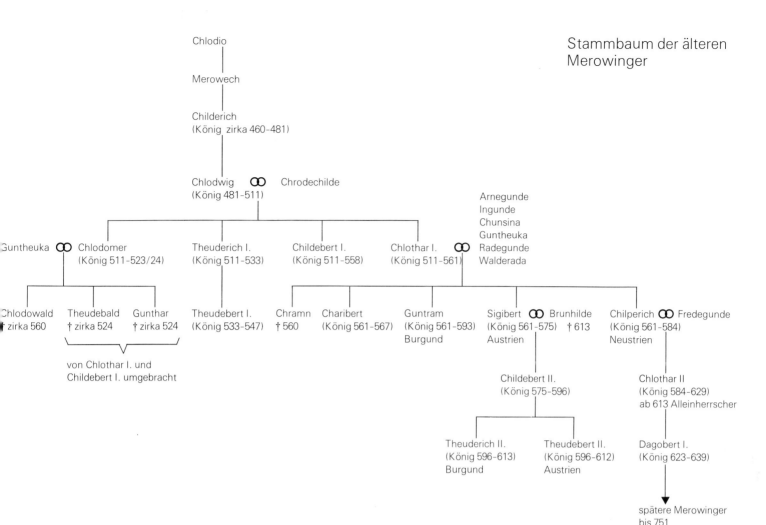

Stammbaum der älteren Merowinger

schem Schutz gestanden hatten, fielen nun, wie die Bayern, unter fränkische Oberhoheit. Als Chlothar, der letzte der Chlodwigsöhne, im Jahre 561 starb, umfaßte das Merowingerreich das Gebiet des heutigen Frankreich – mit Ausnahme eines Küstenstreifens am Mittelmeer –, der Schweiz, Belgiens sowie des größten Teils Hollands und der Bundesrepublik Deutschland. Wiederum wurde die Herrschaft im Jahre 561 wie ein Kuchen aufgeteilt. Jeder der vier Söhne Chlothars erhielt ein Stück. Als der erste von ihnen nach wenigen Jahren starb, langten die drei übrigen nochmals zu und teilten das Erbe des Bruders unter sich auf. Dies war aber das letzte Mal, daß die Königsfamilie dermaßen nach eigenem Ermessen schalten und walten konnte; denn aus den mehr oder weniger zufällig zusammengewürfelten Teilreichen entstanden allmählich eigenständige Herrschaftsgebiete, in welchen die einheimische Oberschicht eine zunehmend wichtige Rolle spielte. Die fränkische Geschichte wurde von nun an geprägt durch die Machtkämpfe der Teilreiche Neustrien (westlicher Teil), Austrien oder Austrasien (östlicher Teil) und Burgund (südöstlicher Teil). Diese Auseinandersetzung widerspiegelt sich im späten 6. Jahrhundert in der Fehde der Königswitwen Brunhilde und Fredegunde. Samt Kind und Kindeskindern bekriegten sie sich in einer endlosen Serie von Verschwörungen und Mordanschlägen. Der Streit fand erst ein Ende, als der neustrische König Chlothar II. seine mittlerweilen uralte Tante Brunhilde von einem wilden Pferd zu Tode schleifen ließ. Unter Chlothar II. war das Frankenreich von 613 bis 629 noch einmal vereint. Die Unterstützung des burgundischen und austrischen Adels mußte er sich aber teuer erkaufen. Mit dem «Edictum Chlothari» von 614 verpflichtete er sich nämlich, die königlichen Beamten nur noch aus der einheimischen Führungsschicht auszuwählen. Damit verlor die königliche Zentralgewalt eines ihrer wichtigsten Machtinstrumente: die von ihr abhängige Beamtenschicht. Die Staatsgewalt ging mehr und mehr an die adligen Großgrundbesitzer über. Wichtigster Mann im Staate wurde der sogenannte «Major domus», der Hausmeier. Er stand nicht nur an der Spitze der königlichen Hofverwaltung, sondern war auch der Anführer der königlichen Gefolgschaft und damit des ganzen Adels. Nicht mehr die Könige – diese waren zwar noch vorhanden, führten aber ein reines Schattendasein –, sondern die Hausmeier der einzelnen Teilreiche stritten in der zweiten Hälfte des 7. Jahrhunderts um die Vormacht im Gesamtreich. Schließlich konnte sich der austrische Hausmeier Pippin (der Mittlere) aus dem Geschlecht der Arnulfinger, den späteren Karolingern, im Jahre 687 gegen seine neustrisch-burgundischen Widersacher durchsetzen. Von nun an waren die karolingischen Hausmeier, die das Amt in der Familie weitergaben, die alleinigen Herrscher des Frankenreiches. Aber erst Pippin (der Jüngere) vollzog im Jahre 751 den letzten, folgerichtigen Schritt. Von der Versammlung der Adligen ließ er sich zum neuen König der Franken wählen. Die für das gleiche Jahr erstmals bezeugte und drei Jahre später wiederholte Königssalbung sollte den dynastischen Wechsel unterstreichen. Childerich III., der letzte merowingische Schattenkönig, wurde geschoren und in ein Kloster gesteckt. Das einst so glorreiche Geschlecht des Reichsgründers Chlodwig mußte nach dem Willen der neuen Machthaber möglichst rasch dem Vergessen anheimfallen. Von der Herrschaft der Karolinger wird noch in einem späteren Kapitel zu sprechen sein.

Die Geschichte Europas von 400 bis 850 nach Christus –

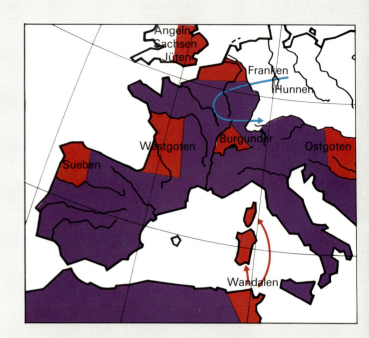

Nach dem Tode von Kaiser Theodosius dem Großen (395) wurde das Römische Reich unter seine beiden Söhne Honorius und Arcadius aufgeteilt. Von nun an gab es ein Weströmisches Reich, das nur noch einige Jahrzehnte bestand, und ein Oströmisches Reich, das fortan eigene Wege ging und für die Geschichte Europas nur noch geringe Bedeutung hatte.
Als Föderaten (Verbündete) wurden für den Grenzschutz am Rhein Franken und Burgunder auf römischem Gebiet angesiedelt. Andere Germanenstämme brachen plündernd ins Römische Reich ein. Die Westgoten unternahmen einen jahrelangen Beutezug durch Italien und eroberten 410 sogar Rom. Die Wandalen und Sueben zogen durch Gallien nach Spanien, wo sie im Jahre 409 vorübergehend angesiedelt wurden.

Um 450 setzte in England die Landnahme durch die aus Skandinavien kommenden Angeln, Sachsen und Jüten ein.
Die auf Reichsgebiet angesiedelten Germanenstämme lösten sich allmählich aus dem Föderativverhältnis und machten sich mehr und mehr selbständig. Die Burgunder hatten am Genfersee neue Siedlungsgebiete zugewiesen bekommen. 451 kämpften sie auf römischer Seite erfolgreich gegen die Hunnen.
429 setzten die Wandalen nach Nordafrika über, wo sie ein von Rom völlig unabhängiges Königreich gründeten.

Auf dem Silberteller sind Kaiser Theodosius und seine beiden Söhne, umgeben von germanischen Gardesoldaten, dargestellt.

Mit den skandinavischen Stämmen kamen auch Gegenstände wie diese Fibel nach England.

von der Völkerwanderung zur Karolingerzeit

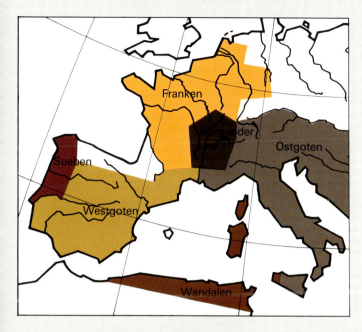

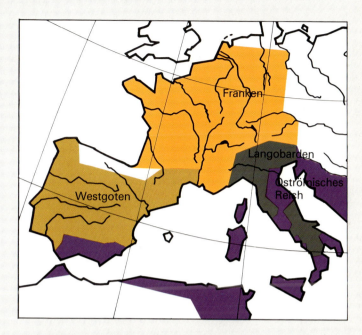

Mit der Absetzung des letzten Kaisers (Romulus Augustulus) erlosch im Jahre 476 das Weströmische Reich. Die germanischen Siedler auf ehemaligem Reichsgebiet begründeten eigene Königreiche:
Die Burgunder konnten ihren Machtbereich auf das ganze Rhone-Saône-Gebiet ausdehnen. Zu Beginn des 6. Jahrhunderts wurden sie aber immer mehr von Franken und Ostgoten in die Zange genommen.
Im Jahre 488 eroberten die Ostgoten unter Theoderich dem Großen Italien.
Um 480 dehnten die Westgoten ihre Herrschaft nach Spanien aus. 507 verloren sie aber den größten Teil ihres französischen Besitzes an die Franken.
Die Franken selber stiegen unter ihrem König Chlodwig (481–511) zur Vorherrschaft in Westeuropa auf.

Unter Chlodwigs Söhnen griffen die Franken kräftig nach Osten aus. Innerhalb von wenigen Jahren wurden die Thüringer, die Burgunder und die Alamannen unterworfen (531–537).
Der oströmische Kaiser Justinian versuchte, die westliche Reichshälfte zurückzugewinnen: 535 eroberte er das Wandalenreich in Nordafrika, 553 das Ostgotenreich in Italien, und 554 konnten sich die Byzantiner auch in Südspanien festsetzen.
Bereits 568 gingen aber große Teile Italiens wieder an die aus dem Donauraum eindringenden Langobarden verloren. Auch die meisten anderen Eroberungen Justinians konnte Byzanz auf die Dauer nicht behaupten.

Fortsetzung
auf Seite 98

Das Mausoleum Theoderichs des Großen in Ravenna.

Kaiser Justinian und sein Hofstaat. Mosaik aus Ravenna.

Gesellschaft und Staat

«Es gibt nur Freie und Unfreie», hat Karl der Große einmal kurz und bündig erklärt. Ganz unrichtig ist der Ausspruch des Kaisers sicher nicht. Nur wird er der gesellschaftlichen Vielfalt des Frühmittelalters nicht gerecht, denn von der Schicht der Freien hob sich eine adlige Oberschicht sehr deutlich ab. Dazu waren die Grenzen zwischen frei und unfrei – wie wir noch sehen werden – zum Teil sehr stark verwischt.

Auf der untersten Gesellschaftsstufe standen die Unfreien, die Sklaven. Zeit seines Lebens war ein Sklave Besitz seines Herrn, der ihn nach Belieben benutzen, bestrafen, verkaufen und verschenken konnte. Sklaven waren keine Personen, sondern Sachen; «Werkzeuge für alles», wie es in einem zeitgenössischen Text heißt. Erneuert und ergänzt wurde der Sklavenstand einerseits aus dem eigenen Nachwuchs, denn die Kinder einer Sklavin wurden ebenfalls Sklaven, andererseits auch durch Kriegsgefangene oder durch Sträflinge. Eine wichtige Rolle spielte auch der Sklavenhandel. Sklaven konnten günstig erworben werden. So kostete im 8. Jahrhundert ein junger fränkischer Sklave weniger als ein Pferd. Sklavenbesitzer waren deshalb nicht nur reiche Grundherren, darunter auch Bischöfe und Äbte, sondern auch einfache Bauern. Die Kirche verurteilte die Sklaverei nicht. Immerhin suchte sie das Los der Sklaven zu verbessern. So wurden ihnen im Laufe der Zeit Familienrechte zugestanden. Der Besitzer konnte seinem Sklaven die Freiheit schenken. Doch blieben derartige Freigelassene in der Regel von ihrem ehemaligen Herrn abhängig und waren auch weiterhin auf seinen Schutz angewiesen. Freilassungen und Mischehen zwischen Freien und Sklaven – ursprünglich verboten, dann geduldet und schließlich gesetzlich geregelt – führten zu Übergangsformen zwischen Freiheit und Unfreiheit. In den Buß- und Sühnegeldansätzen, dem sogenannten Wergeld (Wer = Mann) der Germanenrechte, wird dieser Stand der Halbfreien ebenfalls faßbar. Die Gesetzestexte zeigen darüber hinaus, daß es in der Sklavenschicht selbst gesellschaftliche Unterschiede gab. Ein unfreier spezialisierter Handwerker, ein Diener in einem Herrenhaus oder gar am Königshof galten mehr als ein einfacher Landarbeiter.

Die Schicht der Ackerknechte – sie waren die Ärmsten der Armen – machte im Frühmittelalter eine starke Wandlung durch. Vom 7. Jahrhundert an begannen die Großgrundbesitzer, ihren Sklaven Land zur Nutzung zu überlassen. Bisher waren die Gutshöfe in der Regel vom Herrenhof aus mit einem Großaufgebot von Knechten und Mägden bewirtschaftet worden. Die neue Bewirtschaftungsart brachte dem Gutsbesitzer wesentlich mehr Gewinn. Die Sklaven waren zu mehr Leistung angespornt und sorgten erst noch selbst für ihren Unterhalt. Im Bedarfsfall, etwa zur Erntezeit, waren sie nach wie vor zu Arbeitsleistungen für ihren Herrn verpflichtet. Darüber hinaus mußten sie dem Grundherrn einen Teil ihrer Ernte abliefern. Die Ansiedlung von Sklaven auf abhängigen Bauernhöfen führte allmählich zur Verschmelzung der unfreien Bevölkerung mit dem übrigen Bauernstand.

In den romanisierten Gegenden gab es bereits zu Beginn des Frühmittelalters keine unabhängigen Bauern mehr. Die meisten Bauern lebten als sogenannte «Kolonen», die zwar persönlich frei waren, aber das Land eines Großgrundbesitzers bearbeiteten. Ihre Abhängigkeit wurde zusätzlich durch ein dichtes Netz von Abgabepflichten und Dienstleistungen verstärkt. So verschwand mit der Zeit die klare Trennung zwischen den Kolonen und den vorher erwähnten, auf Bauernhöfen angesiedelten Sklaven, den sogenannten «servi casati». Die Grenze zwischen Freiheit und einer gemilderten Form der Sklaverei verwischte sich.

In einer germanischen Gesellschaft war «frei sein» gleichbedeutend mit dem Recht, Waffen zu tragen, an Kriegszügen teilnehmen zu dürfen und – dies war das wichtigste – an der Kriegsbeute teilzuhaben. Die Versammlung der Freien urteilte auch über Recht und Gerechtigkeit. Daneben hatte der freie Bauer auch Anteil an der gemeinsamen Nutzung von Wald und Weide. Im 7. und 8. Jahrhundert geriet der bisher noch freie Bauernstand unter schweren Druck. Als besonders belastend erwies sich die Kriegspflicht, früher der Stolz des freien Mannes. Die ständigen Feldzüge, die in immer entlegenere Gebiete führten, machten dem dienstpflichtigen Bauern ein vernünftiges Bewirtschaften seines Landes unmöglich. Die Entwicklung der Kriegstechnik – von der Fußtruppe zum Panzerreiterheer – brachte eine zusätzliche Belastung, weil jeder Krieger selbst für seine Ausrüstung, die immer teurer wurde, aufkommen mußte. Immer mehr Bauern verarmten. Es blieb ihnen schließlich kein anderer Ausweg, als ihr Land an einen Großgrundbesitzer abzutreten und sich selbst unter dessen Schutzherrschaft zu stellen. Das Resultat dieser Entwicklung war ein einfaches Gesellschaftssystem, in dem Ausgebeutete den Ausbeutern, Kleine und Machtlose den Großen und Mächtigen gegenüberstanden.

Die tonangebende Schicht der Römerzeit war das städtische Großbürgertum gewesen. Aber bereits in der Spätantike begann der politische und wirtschaftliche Aufstieg der Großgrundbesitzer. Diese Entwicklung setzte sich im Frühmittelalter fort, bis schließlich der Besitz von Grund und Boden die alleinige Grundlage für Macht und Reichtum bildete. Die alte gallo-römische Adelsschicht konnte ihre Stellung weitgehend behaupten und vermischte sich rasch mit der neuen germanischen Herrenschicht. Bald spielte es keine Rolle mehr, ob ein Adliger von fränkischer, burgundischer oder romanischer Abstammung war.

Im 6. Jahrhundert war es den Merowingerkönigen noch möglich gewesen, ganze Adelssippen, die in ihren Diensten standen, zu verpflanzen. So ist

«Sie schlugen an ihre Schilde, riefen Beifall, hoben ihn auf den Schild und setzten ihn zum König über sich.»
Mit diesen Worten beschreibt Gregor von Tours, wie Chlodwig nach der Ermordung seiner Rivalen zum König der Rheinfranken wurde.
Die Schilderhebung ist uns heute vor allem aus den Abenteuern Asterix' des Galliers bekannt, was historisch nicht ganz korrekt ist. In Wirklichkeit war sie eines der Zeichen der Machtübernahme der fränkischen Könige.

auch die fränkische Siedlung am Bernerring zu erklären. Im Laufe der Zeit verwuchsen aber die königlichen Beamten, die Grafen und Herzöge, immer stärker mit ihren Amtsbezirken. Hier bauten sie ihren Grundbesitz auf, und hier rekrutierten sie ihre Gefolgschaft. Das vom König verliehene Amt wurde mehr und mehr als Familienbesitz betrachtet. Damit begann die für den mittelalterlichen Adel typische Verbindung von erblichem Amt und Grundbesitz, von Königsdienst und Eigenherrschaft.

Zu einem Adligen gehörte seine Gefolgschaft. Die Gefolgsleute waren durch einen Treueid an ihren Herrn gebunden. Sie bildeten seine persönliche Schutztruppe, sie waren sein verlängerter Arm zur Durchsetzung seiner Herrschaft, sie waren seine Werkzeuge bei dunklen Geschäften und Verbrechen, und sie bildeten den verläßlichen Kern seines Truppenaufgebotes. Auf der anderen Seite sorgte der Herr für den Unterhalt seiner Gefolgsleute, die Anspruch auf einen Teil der Kriegsbeute erheben konnten. Mit Kriegszügen, Jagden, Gelagen und Geschenken mußte sie der Herr bei Laune halten. Je mächtiger ein Adliger, desto größer seine Gefolgschaft. Der Gutsherr vom Bernerring mußte sich mit einem Gefolge von vier oder fünf Leuten zufrieden geben. Die wirklich Mächtigen hingegen, die Angehörigen des Hochadels oder gar des Königshauses, geboten über ganze Heerscharen von Gefolgsleuten.

An der Spitze der Oberschicht stand der König, der über das ganze Frankenreich herrschte. Sichtbares Zeichen der Zugehörigkeit zum Königsgeschlecht der Merowinger war das lange Haar. Wem die Locken geschoren wurden, der verlor seinen Herrschaftsanspruch. Die zahlreichen Verschwörungen und Mordanschläge zeigen, daß es keine feste, unbestrittene Erbfolgeregelung gab. Alle Merowinger fühlten sich erbberechtigt. Entscheidend war, sich gegen die anderen Anwärter, wenn nötig mit Gewalt, durchsetzen zu können. Äußere Zeichen des Herrschaftsantrittes waren etwa die Schilderhebung oder der Umritt, während Salbung und Krönung erst in karolingischer Zeit üblich wurden.

Im merowingischen Königtum mischten sich germanische und römische Elemente. Die fränkischen Könige übernahmen zahlreiche Einrichtungen des spätrömischen Zwangsstaates. Die ehemaligen Staatsdomänen gingen in ihren Besitz über, und die Einnahmen aus Zöllen, Steuern und anderen Abgaben flossen nun in ihre Tasche. Zu einem guten Teil blieben die spätantiken Verwaltungseinheiten bestehen. Wichtigste Machtgrundlage des Königs, nach innen und nach außen, war das Heer. Für den Unterhalt der Truppe mußte der König über großen Reichtum, einen Schatz oder Hort, verfügen. Angehäuft wurde dieser Königsschatz aus den erwähnten Staatseinnahmen, aus der Kriegsbeute, aus Tributzahlungen und aus Geschenken der Adligen, die damit ihre Ergebenheit zeigen konnten. Auf der anderen Seite mußte der König die Treue der Oberschicht, seiner Gefolgsleute und seines Heeres immer wieder neu erkaufen.

Mit dem Niedergang der königlichen Zentralgewalt im Laufe des 7. Jahrhunderts verschwanden allmählich die letzten Reste spätrömischer Staatsverwaltung. Aus den Beamten spätantiker Tradition wurden nun landesansässige Fürsten. Durch Gefolgschaftstreue waren sie einerseits an den König gebunden, als Großgrundbesitzer geboten sie andererseits selber über eine Vielzahl abhängiger Bauern. Der Staat – für die Antike ein überpersönlicher Begriff – wurde zu einem Netz persönlicher Abhängigkeitsverhältnisse. Es entstand der Personenverbandsstaat, der das ganze Mittelalter prägte und bis weit in die Neuzeit fortdauerte.

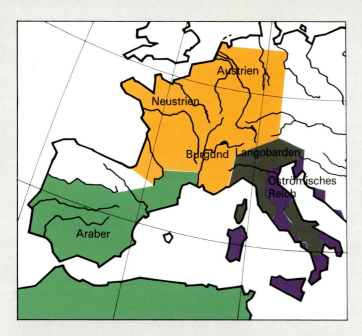 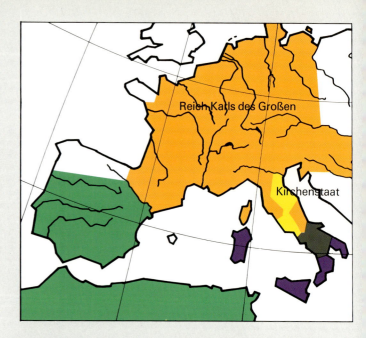

Wie eine Flutwelle breitete sich im 7. Jahrhundert die vom Propheten Mohammed (zirka 570-632) verkündete neue Glaubenslehre des Islams aus. Ende des 7. Jahrhunderts standen muslimische Truppen an der Straße von Gibraltar; 711/12 eroberten sie das spanische Westgotenreich. Mit ihren Vorstößen über die Pyrenäen bedrohten sie sogar das Frankenreich. Erst Karl Martell stoppte mit seinem Sieg in der Schlacht von Poitiers 732 den arabischen Vorstoß nach Norden.

Die lange Regierungszeit Karls des Großen (768-814) bildete den Höhepunkt fränkischer Macht.
773/74 eroberte Karl das italienische Langobardenreich, und auch der bereits von seinem Vater eingerichtete Kirchenstaat stand unter seinem Schutz.
In langwierigen Kämpfen (772-804) wurden die Sachsen unterworfen. 788 wurde Bayern endgültig fränkisch, und einige Jahre später vernichteten Karls Truppen das Awarenreich an der Donau. Zahlreiche slawische Stämme in Nord- und Osteuropa gerieten ebenfalls unter fränkische Abhängigkeit.
Nach einem ersten mißglückten Versuch (777/78) gelang es den Franken schließlich, sich um 800 auch in Nordspanien festzusetzen.

Die Moschee von Cordoba, Spanien.

Reiterstatuette Karls des Großen.

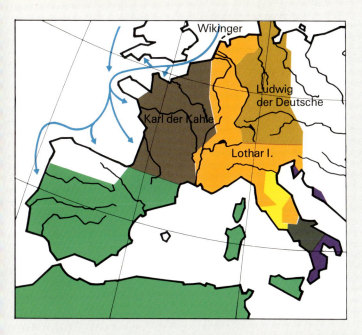 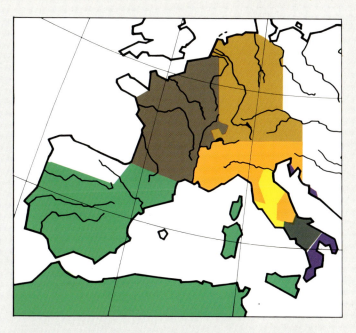

840 brach nach dem Tode Ludwigs des Frommen unter seinen Söhnen ein mehrjähriger Krieg aus, der erst durch den Vertrag von Verdun im Jahre 843 beendet wurde. Das karolingische Reich wurde nun endgültig aufgeteilt. Das Mittelreich Kaiser Lothars verschwand rasch wieder von der Landkarte; aber aus dem Westreich Karls des Kahlen und dem Ostreich Ludwigs des Deutschen entwickelten sich die beiden wichtigsten Staaten Europas: Frankreich und Deutschland.
In die Zeit des Niedergangs des Karolingerreichs fielen die ersten Raubzüge der skandinavischen Wikinger, die mit ihren Schiffen auf den großen Flüssen bis tief ins Landesinnere vordrangen.

Karl der Kahle und sein Hofstaat.

Wikingerschiff.

Die Alamannen –

Irgendingen – ein alamannisches Bauerndorf

Der kleine Hof des Bauern Waldemar liegt am Rande von Irgendingen. Wie die meisten anderen Dorfbewohner, ist auch Waldemar kein freier Bauer, sondern ein Leibeigener. Sein Herr, der mächtige Graf Werhart, hat ihm ein Stück Land zur Verfügung gestellt, das er mit seiner Familie bebauen kann. Dafür muß er dem Grafen einen Teil seiner Ernte abliefern. Schwerer als diese Abgaben drücken aber die Frondienste, zu denen Waldemar und seine Angehörigen verpflichtet sind. Zwei, in der Erntezeit oft auch drei oder gar vier Tage in der Woche müssen sie für den Herrenhof arbeiten, der breit und klotzig im Zentrum des Dorfes liegt. Auch heute ist Waldemars ganze Familie wieder zum Frondienst aufgeboten worden. Früh am Morgen machen sie sich auf den Weg zum Herrenhof. Graf Werhart selbst hält sich nur kurze Zeit des Jahres hier auf. Er besitzt in der Umgebung noch zahlreiche andere Höfe und Dörfer, in denen er abwechslungsweise mit seinem Gefolge residiert. Während seiner Abwesenheit schaut sein Verwalter, der sogenannte

Hausmeier, zum Rechten. Er teilt die Leute zur Fronarbeit ein: Waldemar und die anderen Männer gehen in den Steinbruch, um Bausteine für den geplanten Kirchenbau zu brechen. Seine Frau und die Kinder Turipert und Vertrada müssen auf dem Gutshof selbst arbeiten, der Knabe beim Drechslermeister Rundbert, seine Mutter und Schwester in der Webstube.

Der Drechsler erklärt gerade seinem Gesellen, wie er die am Vortag angefertigten Einzelteile eines Stuhles zusammenfügen und verzapfen muß. Dann führt er Turipert hinter die Werkstatt, wo sich ein kleiner Schuppen befindet. Hier lagert der Handwerker das Holz mehrere Jahre lang, bevor er es weiterverarbeitet. Mit Säge und Beil sind die Holzstücke so weit vorgeformt, daß bereits erkennbar ist, ob aus ihnen eine große, flache Schale, eine halbkugelige Schüssel, eine bauchige Feldflasche oder ein hoher, schlanker Becher entstehen wird. Sorgfältig sucht sich Rundbert unter den verschiedenen Gefäßrohlingen einige geeignete Klötze aus, die ihm Turipert in die Werkstatt schleppen

muß. Turiperts eigentliche Arbeit beginnt aber erst, nachdem der Holzklotz fest in der Drehbank eingespannt ist. Er muß nämlich, sozusagen als lebendiger Motor, die Drehbank antreiben. Ein Seil wird mehrmals um die Drehachse geschlungen. Der Knabe faßt die beiden Handgriffe an den Seilenden. Indem er abwechslungsweise mal links, mal rechts zieht, dreht sich das Werkstück vor und zurück. Der Drechsler sucht sich einen gut geschärften Meißel aus, stützt das Werkzeug gut auf der Handauflage ab und führt die Schneide gegen das Holz. Bald wirbeln Holzspäne durch die Luft; allmählich verliert der Holzklotz seine Unebenheiten und verwandelt sich unter den geschickten Händen des Drechslermeisters in eine elegante Schüssel. Im harten Ahornholz werden die Meißel rasch stumpf und müssen häufig nachgeschliffen werden. So kommt auch Turipert hie und da zu einer Verschnaufpause. Nachdem die Schüssel außen einen Standboden, einen schön geschwungenen Rand und zwei Zierleisten erhalten hat, macht sich Rundbert daran, das Innere aus-

Krieger, Siedler, Bauern

zuhöhlen. Dazu benützt er einen sogenannten Ausdrehhaken. Weil das Werkstück beidseitig in die Drehbank eingespannt ist, bleibt im Innern ein kleiner Zapfen stehen. Dieser wird erst nachträglich mit dem Beil weggeschlagen.

Turipert zieht und zieht an seinem Seil. Links, rechts, links, rechts. Seine Arme werden bleischwer. Will denn dieser verflixte Meißel nie stumpf werden, damit ich wieder einmal Pause machen kann, denkt er. Plötzlich schreckt er auf, denn laut fluchend hat Rundbert sein Werkzeug zu Boden geworfen. Der Drechsler ist selber so in die Arbeit vertieft gewesen, daß er seinen Gesellen, der immer noch mit dem Stuhl beschäftigt war, völlig vergessen hatte. Als er wieder einmal kurz aufblickt, traut er seinen Augen kaum. «Du Trottel», schreit der erzürnte Meister, «habe ich dir nicht genau erklärt, was du zu tun hast? Schau dir einmal an, was du gemacht hast! Sag mir, wie du die Sprossen jetzt noch in die Lehne einsetzen willst!»

Völlig verwirrt starrt der Geselle auf den fast fertigen Stuhl. Da ist ihm tatsächlich ein grober Fehler unterlaufen. Zwischen die Querleisten der Rückenlehne hätte er acht Ziersäulen – je zur Hälfte aus hellem Eschen- und dunklem Buchenholz bestehend – einsetzen sollen. Nun sind die Querleisten eingepaßt und verzapft, aber die Säulchen liegen immer noch auf der Werkbank! Da bleibt ihm nichts anderes übrig, als die ganze Lehne nochmals auseinanderzunehmen. Während sich der wutschnaubende Meister und sein eingeschüchterter Geselle wieder an die Arbeit machen, nutzt Turipert die Gelegenheit, sich zu verdrücken. Rundbert wird ihn schon rufen, wenn er ihn braucht.

Gleich neben der Drechslerei befindet sich die Werkstatt des Waffenschmiedes Fortbrand. Turipert schaut zu, wie der Schmied mit schnellen Hammerschlägen stählerne Schneidekanten an eine Schwertklinge schweißt. Die Klinge selbst ist damasziert, das heißt, sie besteht aus mehrfach verschweißten und ineinander gewundenen Eisen- und Stahllamellen. Wenn die Klinge poliert oder angeätzt wird, treten die verschiedenen Metallstreifen deutlich hervor und bilden ein lebhaftes Muster. Noch ist es aber nicht soweit. Zuerst muß Fortbrand die angesetzten Schneiden schärfen. Dann wird die Klinge noch gehärtet, indem sie mit Kuhfladen eingerieben, in der Glut erhitzt und schließlich ins Wasser getaucht und abgeschreckt wird.

In der nächsten Werkstatt arbeitet Witbert, Grobschmied und Sachverständiger für alle landwirtschaftlichen Geräte. Er fertigt Äxte, Sicheln, Schaufeln und andere Werkzeuge an. Hölzerne Geräte, wie etwa Spaten, versieht er mit Verstärkungen aus Eisenblech. Als Turipert vorbeikommt, ist der Schmied gerade dabei, eine eiserne Kappe über die hölzerne Pflugschar eines Hakenpfluges zu nageln.

Nebenan geht es wesentlich ruhiger zu, denn hier arbeitet der alte Feinschmied Teilerich. Im Auftrag von Graf Werhart stellt er Schmuckgegenstände und vor allem Schnallen für Gürtel, Schuhe, Taschen und Wehrgehänge her. Seinem Kollegen Fortbrand, dem Waffenschmied, liefert er verzierte Griffplatten, Parierstangen und Knäufe für seine Schwerter, dazu auch Zierknöpfe und Beschläge für Schwert- oder Skramasaxscheiden. Früher konnte er kleinere Gegenstände, wie eben Knöpfe, feine Schnallen oder Riemenzungen, ab und zu aus Gold oder Silber gießen. Seit einiger Zeit sind Edelmetalle aber kaum mehr zu beschaffen. Das wenige Silber, das ihm der Graf noch besorgen kann, braucht Teilerich für die Verzierung von Gürtelschnallen. In die sauber polierten, eisernen Gürtelplatten ritzt er mit einem feinen Stichel ein Muster ein. In die Rillen legt er Silberdrähte und hämmert diese fest. Natürlich können sich seine Erzeugnisse nicht mit denjenigen aus den Werkstätten der großen Adelshöfe messen. Teilerich versucht aber, so gut er kann, die Ziermuster zu kopieren. Die in der letzten Zeit so sehr in Mode gekommenen Verzierungen mit den vielfach verschlungenen Tierkörpern sind ihm aber zu kompliziert. Er bleibt lieber bei den gewohnten, einfachen Schlaufen- und Gittermotiven. Auch die neue Technik, bei welcher anstelle von einzelnen Silberdrähten ganze Bleche mit der aufgerauhten Grundplatte verhämmert werden, ist dem alten Silberschmied noch wenig vertraut.

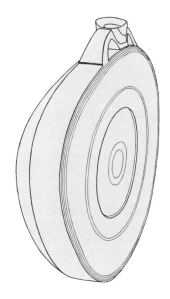

Belege zum Holzhandwerk sind kaum erhalten geblieben. Eine Ausnahme bildet diese gedrechselte und geschnitzte Feldflasche aus einem Grab in der Kirche von Altdorf UR.

Zwei Zeichnungen aus dem sogenannten Utrecht-Psalter, der zu Beginn des 9. Jahrhunderts entstanden ist. Beiläufig werden auch handwerkliche Tätigkeiten illustriert. Auf dem Bild links erkennen wir Waffenschmiede, die Schwerter schleifen; auf dem Bild rechts sehen wir Frauen beim Spinnen und Weben.

Turiperts eigentliches Ziel ist die zum Herrenhof gehörende Webstube, wo seine Mutter und seine Schwester arbeiten. Die Webstube liegt in einem halb in den Boden eingegrabenen Haus, dessen Dach direkt auf dem Erdboden aufliegt. Unter der Aufsicht von Isterwoda, der Gattin des Hausmeiers, sind mehrere Frauen und Mädchen eifrig an der Arbeit. Die einen spinnen rohe Schafwolle zu Garn. Sie benützen dazu Handspindeln, die aus einem Knochenstab und einem als Schwungmasse dienenden Spinnwirtel aus Ton bestehen. Andere, darunter auch Turiperts Mutter, stehen an großen Webstühlen. Tongewichte, die beim Weben klappernd aneinanderschlagen, halten die senkrechten Kettfäden gespannt. Mit hölzernen oder eisernen Webschwertern müssen die waagrechten Schußfäden immer wieder festgeklopft werden. Isterwoda, die weitherum als geschickte Weberin bekannt ist, stellt mit Hilfe von Webbrettchen ein buntes, gemustertes Stoffband her, das später einmal den Saum eines Kleides zieren wird.

Nun wird Turipert aber an seine Arbeit in der Drechslerei zurückgerufen, und erst am Abend, auf dem Heimweg von der Arbeit, trifft er wieder mit seiner Familie zusammen. Vor dem Hof des streitsüchtigen und geizigen Hrodulf wechseln sie alle auf die andere Seite des Weges hinüber und halten sich die Nase zu, weil es hier abscheulich stinkt. Der Gestank kommt von einem verwesenden Hund, der an einem Strick über der Tür zu Hrodulfs Haus hängt. Der Hund hatte vor einiger Zeit einen Bruder Hrodulfs angefallen und so schwer verletzt, daß dieser schließlich seinen Verletzungen erlag. Wie das Gesetz es vorschreibt, mußte der Hund sofort abgetan werden. Darüber hinaus hätte der Hundebesitzer an Hrodulf nach dem neuen Gesetz das halbe Wergeld, das heißt Sühnegeld für einen getöteten Mann, bezahlen müssen. Hrodulf hat aber darauf bestanden, daß ihm, wie im alten Gesetz vorgesehen, das ganze Wergeld in der Höhe von 160 Schilling ausbezahlt würde, was ihm schließlich auch zugestanden wurde. Dafür mußte er sämtliche Türen an seinem Hause bis auf eine einzige verriegeln. Neun Fuß über der Schwelle wurde der Hund aufgeknüpft. Dort muß er hängen bleiben, bis er von selbst herunterfällt. Schafft Hrodulf den Hund vor-

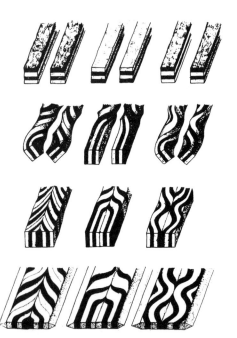

Die Herstellung einer damaszierten Spathaklinge. Eisen- und Stahlstäbe verschiedener Härte werden verschweißt, dann tordiert, gestaucht oder abgeschrotet (getrennt) und wieder verschweißt. Dieser Vorgang wird mehrmals wiederholt, bis die Klinge aus unzähligen Lagen feinster Lamellen besteht. Durch Anätzen mit Säure und anschließendem Polieren wird das Muster der Metallstreifen auf der Klinge sichtbar gemacht.

her weg oder benützt er eine andere Türe, so muß er alles Geld zurückgeben. Der stinkende Kadaver soll ihn ständig an seine Habgier erinnern.

In den folgenden Tagen und Wochen ist Waldemars Familie, wie alle anderen Irgendinger Bauern, mit der Getreideernte beschäftigt. Mit Sicheln schneiden sie Gerste, Weizen, Roggen und Hafer, binden sie zu Garben und fahren sie mit Ochsenkarren zu den Scheunen. Es ist eine sehr strenge Zeit. Sie arbeiten von früh bis spät, denn auch von den Feldern des Herrenhofes muß die Ernte eingebracht werden. Auf den abgeernteten Stoppelfeldern weiden Schafe, Ziegen und Rinder. Einen Teil der Felder lassen die Bauern nun für ein oder mehrere Jahre brachliegen, während sie die für die Wintersaat bestimmten Äcker im Herbst umpflügen. Auch beim Pflügen des Herrenlandes müssen die Bauern wieder mithelfen. Einige Äcker des Grafen, die auf schwerem, lehmigem Boden liegen, der vom Pflug kaum angeritzt wird, müssen sie sogar in Fronarbeit mit dem Spaten umgraben!

Ein böser Streit bricht im Dorf aus: Reichmuth, einer der wenigen noch freien Bauern, beansprucht und pflügt einen Streifen Weideland, der bislang von allen gemeinschaftlich benützt wurde. Plötzlich möchte nun auch der Bauer Neidhard das gleiche Landstück in Besitz nehmen. Da sich die beiden nicht einigen können und der Streit in eine Familienfehde auszuarten droht, muß schließlich Graf Werhart als Gerichtsherr eingreifen. In seiner Anwesenheit wird das umstrittene Landstück abgesteckt. Eine Erdscholle und ein abgebrochener Zweig werden in ein Tuch gewickelt, verschnürt und versiegelt. Dann bestimmt der Graf einen Gerichtstag, an welchem in dieser Sache entschieden werden soll. Am festgelegten Tag versammeln sich die Dorfbewohner rund um den Gerichtsplatz. Graf Werhart mit seinem Gefolge erscheint hoch zu Roß. Einer seiner Gefolgsleute öffnet das Paket mit dem Erdbrocken und dem Zweig und legt es in der Mitte des Platzes nieder. Der Graf befiehlt Reichmuth und Neidhart vorzutreten. Mit ihren Schwertern berühren sie die Erdscholle. Der Graf ruft Gott um ein gerechtes Urteil an. Dann fordert er die beiden Gegner zum Zweikampf auf. Mit gezückten Schwertern gehen die beiden, angefeuert von ihren Angehörigen, aufeinander los. Lange bleibt

Eine silbertauschierte Gürtelgarnitur aus einem Männergrab des alamannischen Gräberfeldes von Bülach ZH. Die Schnalle könnte aber ebensogut aus der Westschweiz kommen (siehe Seite 56), denn im Gegensatz zu den Gürtelschnallen der Frauen unterscheiden sich diejenigen der Männer in der Ost- und der Westschweiz nicht voneinander.

Brettchenweberei ist keine Hexerei

Zum Weben benötigen wir glattes, nicht allzu dickes Garn in passenden Farben. Die Webbrettchen sind aus festem Karton (Bild 1). Beim Einspannen der Fäden ist darauf zu achten, daß diese immer von der gleichen Seite und in der gleichen Reihenfolge eingezogen werden (Bild 2). Gewichte halten die Fäden gespannt (Bild 3). Zum Weben drehen wir die Brettchen jeweils um eine Vierteldrehung (Bilder 4 und 5). Dann ziehen wir den Schußfaden durch und klopfen diesen mit dem «Webschwert» fest (Bild 6). Drehen wir die Brettchen in der gleichen Richtung weiter, so erscheinen abwechslungsweise alle vier Farben als schmale Streifen (Bilder 5 und 6). Wollen wir breite, gleichfarbige Streifen erzielen, so drehen wir die Brettchen mehrmals um eine Vierteldrehung vor und zurück (Bild 7 oben).
Werden die Brettchen um eine halbe oder gar eine ganze Drehung gedreht, bevor wir den Schußfaden wieder durchziehen, so wird das Band breiter (Bild 9 unten). Es gibt unzählige Möglichkeiten, Muster zu bilden. Das Schachbrettmuster (Bild 7) entsteht, wenn man abwechselnd je drei Brettchen seitlich umkippt (Bild 8).

106

der Kampf unentschieden, bis Neidhard in der Hitze des Gefechtes seinen Schild fallen läßt. Nun hat Reichmuth leichtes Spiel. Nach kurzer Zeit gelingt es ihm, Neidhard an der Schulter zu verletzen. Bevor er aber seinem am Boden liegenden, sich vor Schmerzen windenden Gegner den Schädel spalten kann, tritt der Graf dazwischen. Schützend hält er seinen Richterstab über den Wehrlosen. Der Graf erklärt Reichmuth zum Sieger und spricht ihm das umstrittene Landstück zu.

Nach der Beilegung des Streites kehrt wieder der bäuerliche Alltag ein. Sobald die Wintersaat zu sprießen beginnt, müssen die Felder eingezäunt werden, damit das junge Getreide nicht von den auf den Brachfeldern weidenden Tieren abgefressen wird. Nachdem auch Gemüse- und Obsternte eingebracht sind, wird im Spätherbst das Korn gedroschen. Anfang Winter müssen viele Haustiere geschlachtet werden, weil für die Wintermonate zuwenig Futter vorhanden ist. Den Winter über sind die Irgendinger vor allem mit Waldarbeiten beschäftigt, bevor im Frühling wieder ein neues, arbeitsreiches Bauernjahr beginnt.

Im Gegensatz zu den anderen Erzählungen kann für das alamannische Dorf Irgendingen kein bestimmter Schauplatz angeführt werden. Die kleine Geschichte könnte sich – wie es der Dorfname sagt – irgendwo in der Zentral- oder Ostschweiz abgespielt haben. In unserem Land sind nämlich bis anhin kaum einzelne Häuser, geschweige denn ganze Dörfer aus dem Frühmittelalter entdeckt und ausgegraben worden. Wenn wir ein frühmittelalterliches Dorf beschreiben wollen, so müssen wir auch schriftliche Überlieferungen beiziehen und sind gezwungen, einen Blick über unsere Landesgrenzen hinaus zu tun und Vergleichsmaterial aus dem benachbarten Ausland mitzuberücksichtigen. Wir werden in diesem Kapitel auf die Stichworte: Siedlung, Haus und Hof, Landwirtschaft und Handwerk zurückkommen. Zuerst wollen wir uns aber mit den handelnden Personen, den Alamannen, beschäftigen.

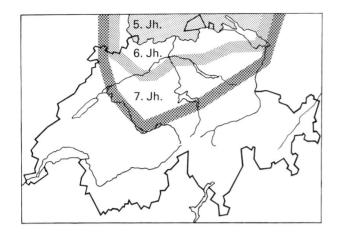
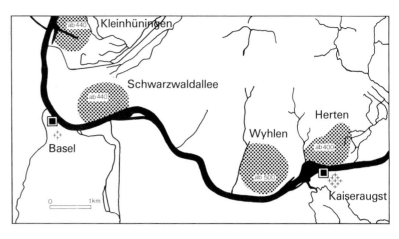

Die beiden Karten verdeutlichen den Fortgang der alamannischen Landnahme. Wie die Gräberfelder (gerasterte Flächen) im Raume Basel zeigen, hatten die Alamannen im 5. Jahrhundert ihre Wohnsitze noch nördlich des Rheins, gegenüber den Kastellstädten von Basel und Kaiseraugst.
Unter fränkischer Leitung besiedelten sie ab 530/540 die Nord- und die Ostschweiz und drangen im Laufe des 7. Jahrhunderts bis in die Alpentäler vor.

Die Alamannen

«Die Alamannen (alle Männer) sind ein zusammengewürfeltes Mischvolk, und das drückt auch ihre Benennung aus», hatte es in einem heute verlorenen römischen Geschichtswerk aus der ersten Hälfte des 3. Jahrhunderts geheißen. In jener Zeit wurde die römische Welt erstmals auf diesen Germanenstamm aufmerksam. Mehrmals durchbrachen die Alamannen den Limes, die römische Grenzbefestigung, die vom Main zur Donau quer durch Süddeutschland führte. Die schlimmsten Raubzüge fanden in der zweiten Hälfte des 3. Jahrhunderts statt. Die meisten römischen Gutshöfe in unserem Land sind damals zerstört und nie wieder aufgebaut worden. Rom war schließlich nicht mehr in der Lage, den Limes zu halten, und verlegte die Grenze zurück an den Rhein. Am rechten Rheinufer blieben lediglich einige befestigte Brückenköpfe. Das ehemalige Grenzland, das sogenannte Dekumatland, war offenbar nach den Raubzügen jahrzehntelang fast menschenleer. Die Alamannen beeilten sich gar nicht, das von den Römern preisgegebene Land zu besiedeln. Es ging ihnen vorerst auch weniger um Landbesitz als um reiche Beute, so war das ganze 4. Jahrhundert durch eine schier ununterbrochene Reihe alamannischer Überfälle gekennzeichnet. Tatkräftigen Kaisern wie Julian oder Valentinian gelang es noch, regelrechte Strafexpeditionen bis weit ins alamannische Territorium hinein durchzuführen und so dem Römischen Reich kürzere oder längere Atempausen zu verschaffen. Andere Kaiser mußten sich das Stillhalten der Alamannen mit Tributzahlungen erkaufen.

Als zu Beginn des 5. Jahrhunderts die Westgoten in Italien einfielen, zog der Heeresmeister Stilicho die Truppen zur Verteidigung Roms von der Rheingrenze ab. Wahrscheinlich sind die meisten Truppenverbände nie mehr dorthin zurückgekehrt. Lange Zeit hat man geglaubt, die alamannische Besiedlung der Schweiz habe unmittelbar nach diesen Ereignissen eingesetzt. Heute wissen wir, daß dies nicht der Fall war. Auch der endgültige Untergang des Weströmischen Reiches im Jahre 476 löste keine germanische Invasionswelle aus. Im Gegenteil. Der archäologische Befund in der Umgebung von Basel zeigt, daß Romanen und Germanen im 5. Jahrhundert offenbar friedlich zusammengelebt haben. Die Romanen am Südufer des Rheins wohnten in den Kastellstädten von Kaiseraugst und auf dem Münsterhügel in Basel. Von den alamannischen Siedlern am gegenüberliegenden Ufer kennen wir nur die Gräberfelder. Diese lagen in Kleinhüningen und an der Schwarzwaldallee beziehungsweise südlich von Herten, direkt gegenüber von Kaiseraugst. Wie sich das romanisch-germanische Zusammenleben in jener Zeit gestaltete, zeigt uns die Lebensbeschreibung des heiligen Severin, der sich in der zweiten Hälfte des 5. Jahrhunderts an der Donau aufgehalten hat. Die romanische Bevölkerung lebte in Kastellen am Südufer des Flusses. Von den Städten aus wurde das umliegende Land bewirtschaftet. In Comagenis (Tulln) lagerte ein Truppenverband aus germanischen Verbündeten. Die Donau bildete die Hauptverkehrsachse zwischen den Kastellstädten. Unmittelbare Nachbarn am nördlichen Ufer waren die Rugier, ein germanischer, aber bereits christlicher Stamm. Ihr Königssitz lag gegenüber von Favianis (Mautern). Die beiden Völkergruppen unterhielten rege Handelsbeziehungen. Die Romanen besuchten die Wochenmärkte der Rugier. Für die Einwohner von Batavis (Passau) sollte der heilige Severin eine Handelserlaubnis vermitteln. Allerdings kam es immer wieder zu einzelnen kleineren Plünderzügen der Germanen. Sie raubten Vieh und verschleppten Romanen, um sie als Sklaven zu verkaufen oder um ein Lösegeld zu erpressen. Bei der Rugierfürstin Giso setzte sich Severin erfolgreich für die Freilassung von Gefangenen ein. Von einer Landnahme durch die Germanen ist aber nirgends die Rede. Im großen ganzen dürften die Verhältnisse am Rhein, zwischen Basel und Bodensee, ähnlich gewesen sein wie an der Donau.

Ende des 5. Jahrhunderts unterlagen die Alamannen bei Tolbiacum (Zülpich bei Köln) dem Frankenkönig

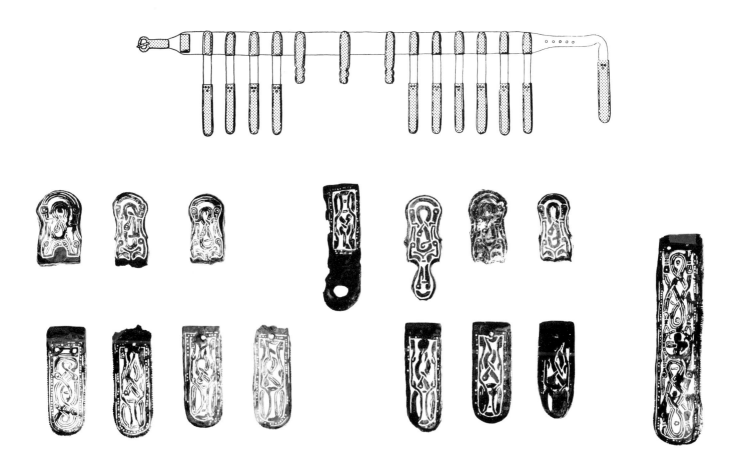

Die tauschierten Beschläge des Gürtels (oben) und des Wehrgehänges (unten) eines reichen Männergrabes in der Kirche von Schöftland AG (siehe Reiter Seite 82). Der Adlige von Schöftland trug eine sogenannte vielteilige Gürtelgarnitur. Auf einen schmalen Lederriemen waren zahlreiche Beschläge aufgenietet. Als reine Zierelemente hingen von ihnen kurze Nebenriemen herab, die - wie der Gurt selbst - in einer Riemenzunge endeten. Diese Gürteltracht stammte von asiatischen Reitern und wurde im 6. Jahrhundert auch im byzantinischen Reich Mode. Im 7. Jahrhundert tauchten solche Gürtel vereinzelt auch nördlich der Alpen in den östlichen Teilen des Merowingerreiches auf.

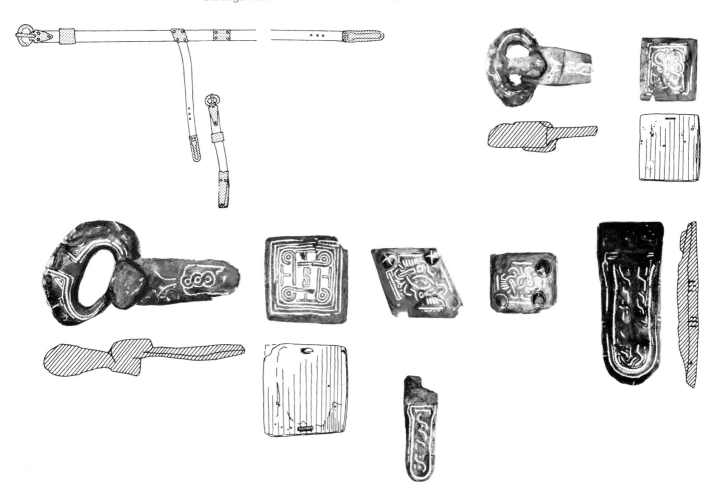

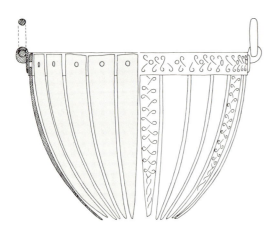

Beschläge aus Bronze und Knochen von einem halbkugeligen Holzgefäß aus dem Adligengrab in der Kirche von Schöftland. (Siehe wiederum den Reiter auf Seite 84.)
In der Holzschale wurden noch zwei Trinkschalen aus Glas gefunden.
Gläser und verzierte Holzgefäße sind im 7. Jahrhundert ausschließlich Angehörigen des Adels ins Grab mitgegeben worden.

Der Knochenkamm und die Amulette, sogenannte Herkuleskeulen, sind Belegstücke für die engen Beziehungen zwischen Romanen und Alamannen während des 5. Jahrhunderts.

Angefertigt wurden die Gegenstände in einer romanischen Werkstätte südlich des Rheins, gefunden wurden sie im alamannischen Gräberfeld an der Schwarzwaldallee in Basel, das am Nordufer des Flusses liegt.

Chlodwig, und der nördliche Teil Alamanniens geriet unter fränkische Kontrolle. Der südliche Teil konnte sich dank der Schirmherrschaft des Ostgotenkönigs Theoderich, Chlodwigs großem Gegenspieler, dem fränkischen Zugriff noch für einige Jahrzehnte entziehen. Um 536/37 fiel er aber ebenfalls den Merowingerkönigen zu. Erst in dieser Zeit, dem mittleren Drittel des 5. Jahrhunderts, hat die Besiedlung der Nord- und Ostschweiz durch die Alamannen eingesetzt; und zwar nicht als rasche, schlagartige Eroberung, sondern vielmehr als allmähliche Landnahme. Dieser Vorgang ist wahrscheinlich sogar von den fränkischen Königen in Gang gesetzt und von ihnen gesteuert worden. Viele neue Dörfer entstanden in dieser Zeit. Die Dorfnamen verraten uns, daß es sich um alamannische Gründungen handelt. Zu den frühesten Dorfgründungen gehören jene, deren Namen auf -ingen oder -heim enden. Stellvertretend für zahllose andere seien als Beispiele erwähnt: Beggingen, Eptingen, Egerkingen, Arlesheim und Schleitheim. Im Laufe des 7. und 8. Jahrhunderts stießen die alamannischen Siedler nach und nach bis in die Alpentäler vor. Die von Romanen bewohnten Kastellstädte blieben weiterhin bestehen. Langsam paßten sie sich aber ihrer veränderten Umwelt an. Sie wurden allmählich germanisiert.

Bis vor wenigen Jahren glaubten die Archäologen, gewisse Funde, vor allem Gürtelschnallen, ließen sich bestimmten Völkergruppen zuweisen. So hat man die sogenannten C-Schnallen (siehe «Gürtelschnallen und Gürtel», Seite 60) lange Zeit als typisch alamannisch bezeichnet. Heute wissen wir, daß wir Romanen, Burgunder und Alamannen nicht ohne weiteres allein aufgrund einzelner Funde trennen können. Trotzdem gibt es einige archäologisch faßbare Unterschiede zwischen der romanisch-burgundischen Westschweiz und der alamannischen Zentral- und Ostschweiz. Wir haben sie zum Teil bereits kurz angedeutet. So hat man in der Westschweiz den Toten viel seltener Beigaben mit ins Grab gelegt. Im romanisch-burgundischen Raum ist Waffenbeigabe viel seltener als bei den Alamannen. Im Friedhof von Riaz mit insgesamt über vierhundert Gräbern fand sich eine einzige Spatha neben elf Gräbern mit einem Skramasax. In Bülach, wo ungefähr dreihundert Tote bestattet worden sind, wurden zehn Spathen und fünfzig Skramasaxe gefunden. Lanzenspitzen, in Bülach immerhin in elf Exemplaren vertreten, fehlten in Riaz vollständig.

Bedeutsame Unterschiede zwischen Ost- und Westschweiz erkennen wir auch in Kleidung und Schmuckzubehör der Frauen. Massive Bügelfibeln aus Bronze oder Silber wurden nur von den alamannischen Frauen getragen. Gegen Ende des 6. Jahrhunderts übernahmen aber auch sie die Scheibenfibeln, die aus der spätantik-romanischen Mode stammten. Einen weiteren Unterschied zwischen Ost und West stellen wir bei der Gürtelmode fest (siehe «Gürtelschnallen und Gürtel», Seite 61). Den Alamanninnen waren die reichverzierten Gürtelgarnituren der Typen B und A, wie sie in der Westschweiz getragen wurden, fremd. Ihre Gürtel waren mit kleinen, schmucklosen Eisenschnallen versehen und deshalb wahrscheinlich von den Kleidern verdeckt, ganz im Gegensatz zu den auffallenden, protzigen Schnallen des romanisch-burgundischen Kulturkreises, die sicher über dem Rock getragen und zur Schau gestellt wurden. Demgegenüber kommen Gehänge, an denen allerlei Werk-

Die Grabbeigaben einer adligen Dame, die um 650 in der Kirche von Bülach bestattet worden ist (siehe auch Seite 89 rechts außen).
In ihrem Haar steckte eine bronzene Haarnadel, an den Ohren trug sie silberne Körbchenohrringe und um den Hals eine aus mehreren Reihen bestehende Kette aus Glas-, Amethyst- und Bernsteinperlen. Am Ausschnitt des Kleides war eine goldene Scheibenfibel angesteckt (rechtes Bild).

Von ihrem Gürtel baumelte ein Taschengehänge mit einer großen, durchbrochenen Bronzescheibe, feinen Zierketten und kleinen Bronzekreuzen herab. Wadenbinden, die mit feinen Bronzeschnallen versehen waren, hielten ihre Strümpfe fest. Ähnliche Bronzeschnallen mit Gegenbeschlägen und Riemenzungen schlossen die Schuhe der Dame aus Bülach (linkes Bild).

zeuge, Schmuckobjekte und Amulette vom Gürtel herabbaumelten, nur in Frauengräbern des alamannischen Raumes vor. Besonders charakteristisch sind Zierscheiben aus Bronze, die auf einem zum Gürtelgehänge gehörenden Lederbeutel aufgenäht waren.
In romantisch verklärender Weise hat man sich die alamannische Gesellschaft lange als Dorfgemeinschaft gleichberechtigter, freier Bauern vorgestellt. Heute wissen wir, daß sich dieses Bild nicht mit den Tatsachen deckt. Die überlieferten Gesetzestexte und die verfeinerte Auswertung der Grabfunde zeigen für die Alamannen ein Gesellschaftsgefüge, wie wir es im letzten Kapitel beschrieben haben. Auch bei den Alamannen gab es eine in Adel, Freie und Unfreie unterteilte Gesellschaft. An ihrer Spitze standen bis zur Eingliederung ins Frankenreich Stammeskönige, später von den fränkischen Königen eingesetzte Herzöge. Mit dem Niedergang der königlichen Macht im 7. Jahrhundert erlangte Alamannien wieder weitgehende Unabhängigkeit. Erst den Karolingern gelang es, das alamannische Herzogtum endgültig niederzuringen. Nach dem Tode Karl Martells, der die Alamannenfrage dringenderer Probleme wegen zurückstellen mußte, wurde das Reich unter seine Söhne aufgeteilt. Karlmann, dem Alamannien zugefallen war, nahm den Kampf gegen den widerspenstigen Alamannenherzog Theudebald entschlossen auf. Im Jahre 746 soll der gesamte alamannische Adel während eines Landtages in Cannstatt von Karlmanns Truppen niedergemetzelt worden sein. Was tatsächlich in Cannstatt geschehen ist, kann wegen der sehr unklaren und schlechten Überlieferung kaum mehr rekonstruiert werden. Das sogenannte «Blutbad von Cannstatt» beendete auf alle Fälle die alamannische Unabhängigkeit. Von nun an gehörte Alamannien wieder fest zum fränkischen Reich.

Die Gräberfelder von Riaz und Bülach im Vergleich

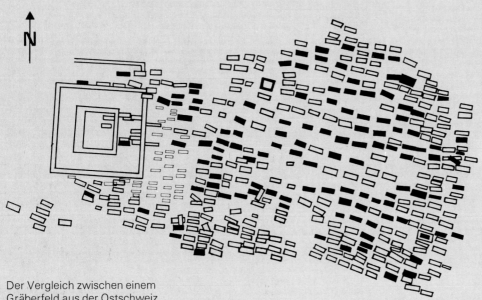

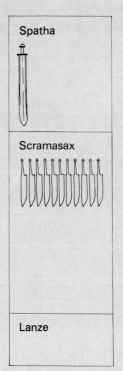

Riaz

Der Vergleich zwischen einem Gräberfeld aus der Ostschweiz und einem aus der Westschweiz zeigt, daß im romanisch-burgundischen Kulturkreis wesentlich weniger Gräber mit Beigaben ausgestattet wurden und daß es hier nicht so üblich war, den Toten ihre Waffen mitzugeben.
Schwarz = Gräber mit Beigaben
   ×   = ausgeraubte Gräber

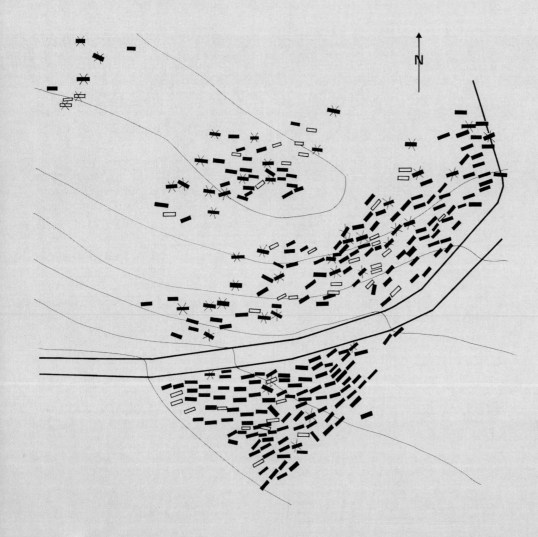

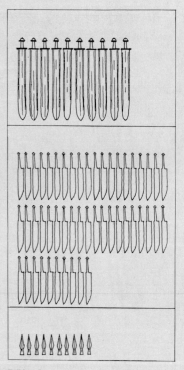

Bülach

Ein Grubenhaus an der Augustinergasse in Basel während der Ausgrabung. Zur Verdeutlichung des Befundes sind Holzstäbe in die alten Pfostenlöcher gestellt worden. In der Mitte der hinteren Schmalseite erkennen wir einen der Firstpfosten, die kleineren Pfosten gehören zur Grubenwand, die mit einem Rutenflechtwerk verkleidet war.

Stadt und Land, Haus und Hof

Wer heute das Mittelland überfliegt, der sieht unter sich eine dicht bewohnte Gegend, Städte und Dörfer, die an manchen Stellen schon fast zusammengewachsen sind. Dazwischen liegen große, in strenge Rechtecke eingeteilte Felder und Äcker. Nur die hügeligen Gebiete sind zum Teil noch von Wäldern bedeckt. Die ganze Landschaft wird von einem dichten Netz von Flurwegen, Straßen und Eisenbahnlinien durchzogen.

Einem frühmittelalterlichen Flieger hätte sich ein ganz anderes Bild geboten. Er hätte vor allem Wald, Wald und nochmals Wald gesehen, einen regelrechten Urwald, der nur an einigen Stellen von kleineren und größeren Lichtungen durchbrochen war. Hier lebte die frühmittelalterliche Bevölkerung in kleinen, befestigten Städten, Dörfern und Weilern. Größere, zusammenhängende Siedlungskammern waren selten. Rund um die Siedlungen lagen kleine, unregelmäßig angelegte Äckerchen und Wiesen. Der umliegende Wald diente als Weide und lieferte Bau- und Brennholz. Eigentliche Straßen gab es kaum. Wo sie noch einigermaßen intakt waren, wurden die alten Römerstraßen benützt.

Wie angedeutet, wird die städtische Bevölkerung während des Frühmittelalters auf weniger als zehntausend Personen geschätzt. Sie machte aber sicher nur einen Bruchteil der Gesamtbevölkerung – einige hunderttausend Menschen – aus. Der Großteil lebte also auf dem Land. Das Aussehen der Dörfer und Weiler ist uns aber weitgehend unbekannt, da erst sehr wenige frühmittelalterliche Siedlungsstellen ausgegraben worden sind. Für diese Fundlücke, die angesichts der vielen Gräberfelder erstaunlich ist, gibt es verschiedene Gründe. Die frühmittelalterlichen Siedlungen liegen zum größten Teil unter den heutigen Dorfzentren. So sind sie entweder der archäologischen Forschung nicht zugänglich, oder sie sind durch die seit Jahrhunderten andauernde Bautätigkeit schon längstens zerstört. Zudem sind während des Frühmittelalters vorwiegend Holzbauten errichtet worden, die sich archäologisch nur unter günstigsten Voraussetzungen nachweisen lassen. Erst in den letzten Jahren ist es – dank immer feineren Grabungsmethoden – gelungen, die bestehende Fundlücke etwas zu schließen.

In Berslingen im Kanton Schaffhausen ist ein ganzes Dorf freigelegt worden, das vielleicht bis ins Frühmittelalter zurückreicht. Auf dem Grundrißplan erkennen wir mehrere rechteckige Pfostenhäuser von 10 bis 12 Metern Länge und 6 bis 8 Metern Breite. Pfostenreihen unterteilen sie auch im Innern. Jedes dieser Häuser ist von einer ganzen Gruppe kleinerer Gebäude umgeben. Der Grabungsplan wird durch schriftliche Quellen, insbesondere durch die in den germanischen Gesetzestexten enthaltenen Angaben zum Siedlungswesen, ausgezeichnet bestätigt. Demnach bestand ein Gehöft aus einem Hauptgebäude, dem Wohnhaus – domus, casa oder sala genannt – und zahlreichen Nebengebäuden. Es werden erwähnt: ein Frauen- oder Arbeitshaus (genitium), ein Badehaus (stuba), dazu auch Viehställe, Vorratshäuser, Getreideschober, Keller

In unmittelbarer Nähe des Gräberfeldes (siehe Seite 63) sind in Sézegnin GE auch Reste einer frühmittelalterlichen Siedlung freigelegt worden. Im Zentrum stand ein rechteckiges Gebäude von 15×20 Metern. Es war ein Holzfachwerkbau auf einem steinernen Fundament. Pfostenlöcher zeigen die Inneneinteilung an. Im Innern, aber auch in der Umgebung des Hauptgebäudes fanden sich zahlreiche Gruben, die teils als Vorratsgruben, teils als Werkstätten (Webkeller, Schmiede) gedient hatten.

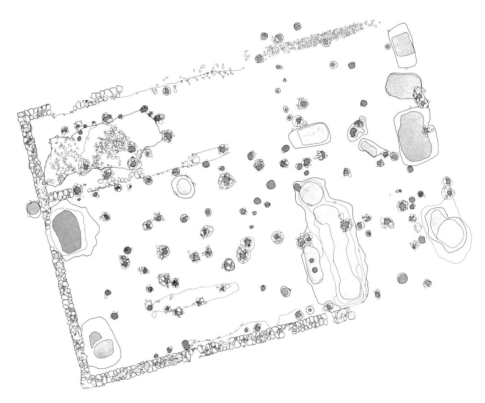

und Scheunen. Den ganzen Hof umgab ein hoher, massiver Zaun, der nicht nur ungebetene Besucher, Menschen wie Tiere, fernhalten sollte. Er umschloß gleichzeitig den engsten Rechtsbezirk, innerhalb dessen dem Hausherrn besondere Vorrechte zustanden. Der Sitz eines Adelsherrn war ähnlich aufgebaut, wies aber noch zusätzliche Gebäude für Werkstätten, Gesinde und Gefolgsleute auf. Im Laufe der Zeit kam noch ein weiteres, charakteristisches Gebäude hinzu, nämlich die vom Grundherrn gestiftete und ausgestattete Eigenkirche.

Die meisten Bauten, darunter auch viele Kirchen, wurden aus Holz errichtet. Mehr als Pfostenlöcher, die uns die Standorte der Eck-, Wand- oder Firstpfosten anzeigen, sind von ihnen in der Regel nicht übriggeblieben. Wir wissen also nicht genau, wie diese Häuser ausgesehen haben. Im allgemeinen wird man einen offenen First annehmen müssen. Die Wände dürften aus einem mit Lehm verkleideten Rutengeflecht oder aus Balken bestanden haben. Das Dach war mit Schilf, Stroh, Schindeln oder Grassoden gedeckt.

Besonders charakteristisch für das frühe Mittelalter, obwohl auch in anderen Perioden vereinzelt auftretend,

Eine mit Steinen eingefaßte Herdstelle aus der Siedlung von Sézegnin.

Heute können wir uns kaum mehr vorstellen, daß unser Land im Frühmittelalter fast vollständig von Wald bedeckt war.
Dörfer, Wiesen und Äcker lagen wie Inseln in kleinen, ausgerodeten Lichtungen. Der Wald diente als Weide und lieferte Futter (Laub), Nahrung (Pilze, Beeren, Wild) sowie Bau- und Brennholz.

sind die sogenannten Grubenhäuser. Es handelt sich dabei um kleine, rechteckige Bauten von 2 bis 3 Metern Breite und 4 bis 6 Metern Länge, die ungefähr einen Meter in den Boden eingetieft waren. Die Erdwände im Innern wurden mit einem Rutengeflecht gestützt oder mit Brettern verschalt. Das Dach ruhte direkt auf dem Erdboden. Die Grubenhäuser dienten entweder als Vorratskeller für Nahrungsmittel wie Milch, Käse und Butter, die kühl gelagert werden mußten, oder als Werkstätten. In mehreren Grubenhäusern, die in den letzten Jahren auf dem Münsterhügel in Basel freigelegt wurden, fand man Webgewichte, Webbrettchen, Spinnwirtel und Knochennadeln, so daß deren Verwendung als Webkeller außer Zweifel steht. Da einzelne Grubenhäuser auch Herd- oder Feuerstellen aufweisen, ist auch an Koch- oder Backhäuser – «coquina» und «pistrina» wurden sie in einem karolingischen Text genannt – zu denken.

Grabungsfoto und Grundrißplan des Dörfchens Berslingen, dessen Anfänge wahrscheinlich bis ins Frühmittelalter zurückreichen. Die dunklen Verfärbungen zeigen an, wo sich einst Holzpfosten und Grubenhäuser befanden.

Auf dem Grundrißplan erkennen wir die Kapelle mit dem Friedhof und drei Gehöfte, die jeweils aus einem großen Wohnhaus und einer ganzen Reihe kleinerer Nebengebäude (Ställe, Scheunen, Werkstätten, Speicher) bestehen.

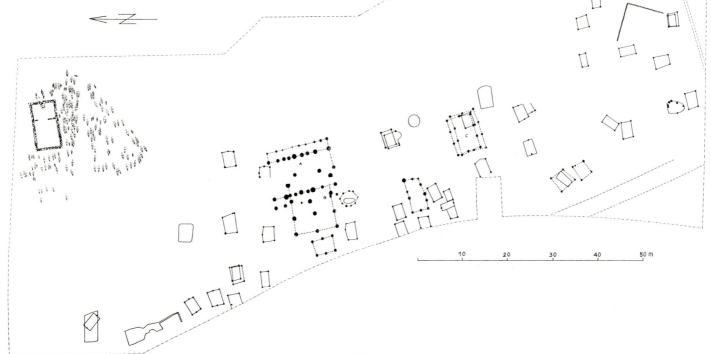

Das Leben auf dem Lande

Die landwirtschaftlichen Arbeiten im jahreszeitlichen Wechsel:
Im Winter wärmt sich der Bauer am Feuer, arbeitet im Haus oder beschäftigt sich mit Jagd und Fischfang. Im Frühjahr pflegt er seine Reben und bestellt den Garten. Im Juni, dem Brachmonat, werden die Brachfelder ein erstes Mal gepflügt. Für die Heuernte (Juli) werden Sensen, für die Getreideernte (August) Sicheln verwendet. Im Herbst wird das Wintergetreide ausgesät, dann folgt die Weinlese. Die Schweine werden zur Eichelmast in die Wälder getrieben und am Anfang des Winters geschlachtet.

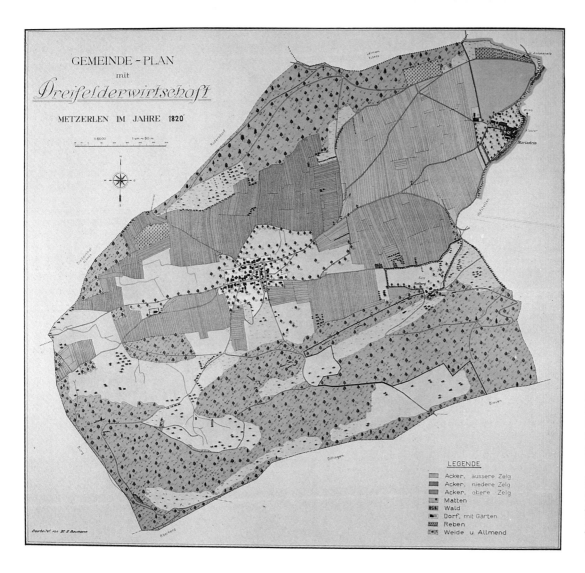

Die seit der Karolingerzeit übliche Dreifelderwirtschaft (Bild rechts) blieb bis weit in die Neuzeit hinein die allgemein übliche landwirtschaftliche Anbauform.

Der Dreifelderplan der Gemeinde Metzerlen SO ließ sich aus den für das Jahr 1820 überlieferten Flurnamen ohne weiteres rekonstruieren (Bild links).

Heute ist im Zusammenhang mit Landwirtschaft sehr oft von «Milchschwemme» oder von «Butter- und Fleischbergen» die Rede. Solche Begriffe hätte ein Bauer im Frühmittelalter sicher nicht verstanden. Überproduktion war in der damaligen Landwirtschaft kein Thema. Im Gegenteil. Wie in den Ländern der Dritten Welt noch heute, kämpfte der Bauer damals auch in Europa ums nackte Überleben. Die ganze landwirtschaftliche Produktion war äußerst krisenanfällig. Ein an sich geringer Anlaß, ein Kälteeinbruch, ein Hagelschlag oder eine durchziehende Räuberbande, genügte, um ganze Landstriche ins Elend zu stürzen. Drastisch schildert Gregor von Tours die verheerenden Folgen einer Mißernte:

«In diesem Jahr (585) bedrängte eine große Hungersnot fast ganz Gallien. Und viele buken aus Traubenkernen und Haselblüten Brot, manche auch aus getrockneten und zu Staub zermahlenen Wurzeln des Farnkrautes, denen sie etwas Mehl beimischten. Viele schnitten die grüne Saat ab und taten damit dasselbe. Es gab ferner viele, die gar kein Mehl mehr hatten und allerhand Kräuter ausrissen und aßen; von deren Genuß schwollen sie aber und starben. Eine große Zahl siechte damals aus Mangel dahin und kam um... Arme Leute ergaben sich der Knechtschaft, um nur ein wenig Nahrung zu erhalten.»

Die mißliche Lage der Landbevölkerung, die nahezu immer am Rande der Hungerkatastrophe lebte, war kennzeichnend für das ganze Frühmittelalter. Erst im Laufe des Hochmittelalters konnte der landwirtschaftliche Ertrag dank einiger technischer Neuerungen etwas gesteigert werden. Zu erwähnen wären etwa der Wendepflug, der eine wesentlich bessere Bearbeitung des Bodens erlaubte, das Pferdekummet, dank dem es erst möglich wurde, die Zugkraft des Pferdes voll auszunutzen, der Dreschflegel, die Sense sowie Wasser- und Windmühlen.

Dem frühmittelalterlichen Bauern standen nur primitive, vorwiegend aus Holz angefertigte Werkzeuge zur Verfügung. Eisernes Gerät war selbst auf Königsgütern äußerst selten, wie eine zu Anfang des 9. Jahrhunderts erstellte Inventarliste zeigt. Am Schluß der Aufzählung der Gerätschaften notierte der Schreiber «zwei Sensen, zwei Sicheln, zwei eisenverstärkte Schaufeln und Holzwerkzeuge in ausreichender Zahl». Zum Pflügen wurden hölzerne Hakenpflüge verwendet, bei denen bestenfalls – wie wir in Irgendingen gesehen haben – die Pflugschar mit einer Eisenkappe verstärkt wurde. Mit derartigen Pflügen konnte der Boden nur oberflächlich angerissen, aber nicht gewendet werden. Deshalb mußten die Äcker von Zeit zu Zeit vollständig mit dem Spaten umgegraben werden.

Bereits für das 6. und 7. Jahrhundert ist ein mehr oder weniger regelmäßiger Wechsel von Brache und Anbaufläche anzunehmen. So konnte sich der Boden von Zeit zu Zeit erholen. In der Karolingerzeit setzte sich allmählich die sogenannte Dreifelderwirtschaft

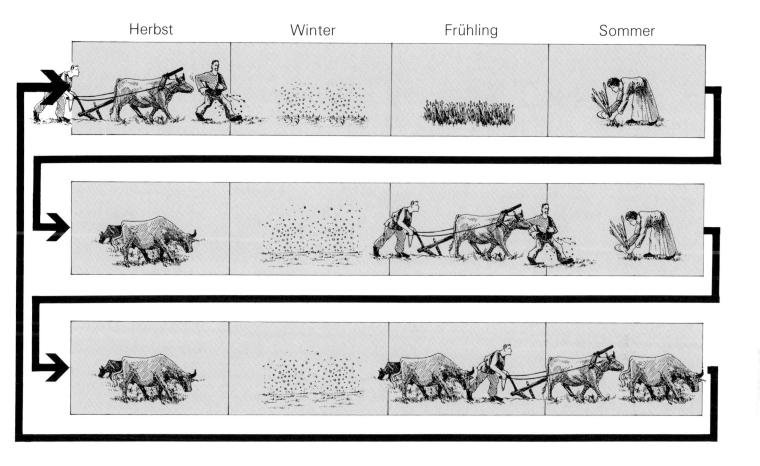

durch. Die einzelnen Ackerflächen wurden zu größeren Einheiten, den sogenannten Zelgen, zusammengefaßt. Im Herbst grub man die Brachfelder um und säte das Wintergetreide an. Nach der Ernte, im folgenden Jahr, diente das gleiche Feld als Stoppelweide für das Vieh. Nach einem weiteren Winter wurde es umgepflügt und Sommergetreide angesät. Nach der Ernte im Spätsommer weideten wieder Tiere darauf. Bis in den Juni – daher heißt dieser auch Brachmonat – des folgenden Jahres lag das Feld brach, dann wurde es ein erstes Mal umgepflügt, und im Herbst begann der neue Dreijahreszyklus. Die Dreifelderwirtschaft mit ihrem Wechsel von Wintersaat, Sommersaat und Brache blieb weit über das Mittelalter hinaus die kennzeichnende Form des Ackerbaus.

Angebaut wurde Roggen, Gerste, Hafer, Hirse und mehrere Weizenarten. Dazu kamen noch verschiedene Hülsenfrüchte wie Bohnen, Erbsen und Linsen. Für die Stoffherstellung pflanzte man auch Flachs an. Der Ernteertrag war sehr gering. Er machte nur etwa das Doppelte der Aussaat aus. In der Römerzeit rechnete man mit 10- bis 15fachem Ertrag, während heute ein Bauer gar das 30- bis 40fache der Aussaat ernten kann.

Es fällt auf, daß in den germanischen Gesetzestexten wesentlich mehr von Schweinen, Rindern und anderen Haustieren die Rede ist, als von Äckern und Wiesen. Man hat daraus geschlossen, daß in der Landwirtschaft der Germanen die Tierhaltung eine wesentlich größere Rolle gespielt hat als der Ackerbau. So kannte das fränkische Gesetz, die lex salica, eine sehr genaue Haustier-Fachsprache, die beispielsweise den Begriff «Ferkel» noch weiter variierte in «Stallferkel», «saugendes Ferkel» usw. Die Schweineherden wurden zur Mast in die Wälder getrieben, wo sie Bucheckern, Eicheln, Kastanien und andere Waldfrüchte als Nahrung fanden. Schafe, die fast nur wegen der Wolle gehalten wurden, Ziegen und Rinder weideten vor allem auf den brachliegenden Feldern, die sie gleichzeitig auch düngten. Die Rinder lieferten nicht nur Milch, die zu Butter und Käse verarbeitet wurde, sondern dienten auch als Zugtiere für Wagen, Pflüge und Eggen. Das Pferd fand praktisch ausschließlich als Reittier Verwendung. Weil für den Winter wenig Futter, Heu, Stroh oder Laub, bereitgestellt werden konnte, mußten jedes Jahr im Spätherbst viele Tiere geschlachtet werden. Die Haustiere waren damals wesentlich kleiner als heute und lieferten dementsprechend weniger Fleisch. Hunde wurden gehalten als Wächter für Haus und Hof, als Gehilfen der Hirten und für die Jagd. Ferner erwähnen die Gesetzestexte auch allerlei Geflügel wie Hühner, Enten, Gänse und Tauben. Zu den wirtschaftlich bedeutenden Haustieren ist schließlich auch die Biene zu zählen, war doch damals Honig der einzige bekannte Süßstoff.

In der römischen Landwirtschaft hatte der Ackerbau eindeutig den Vorrang

Größenvergleich zwischen heutigen (schwarz) und frühmittelalterlichen (weiß) Haustieren.

gegenüber der Viehzucht. Die Versorgung Italiens mit Getreide war eine ständige Sorge der römischen Kaiser gewesen. Dagegen scheinen die Germanen, wie angedeutet, eher Viehzüchter als Ackerbauern gewesen zu sein. Im Laufe des Frühmittelalters bildete sich allmählich eine Bewirtschaftungsweise heraus, in welcher Ackerbau und Viehzucht in einer Wechselbeziehung standen. Je mehr Ochsen als Zugtiere vorhanden waren, um so mehr Ackerfläche konnte gepflügt werden. Je mehr Tiere auf der Brache weideten, um so besser wurde der Boden gedüngt. Je mehr Land bewirtschaftet wurde, um so mehr Futter war vorhanden und um so mehr Tiere konnten überwintert werden. Diese gemischte Bewirtschaftung ist im Grunde genommen noch heute typisch für die meisten kleineren Bauernbetriebe unseres Landes.

Das Leben des frühmittelalterlichen Bauern war hart und entbehrungsreich. Fast mit den bloßen Händen mußte er den Boden bearbeiten. Der Ertrag seiner Anstrengungen war lächerlich gering. Seine Tiere waren klein und kraftlos. Die Kühe lieferten wenig Milch, die geschlachteten Tiere wenig Fleisch. Unwetter, Kriegs- und Plünderzüge lösten Hungersnöte und Seuchen aus und bedrohten die Landbevölkerung in ihrer Existenz. Zu alldem kam noch hinzu, daß die Bauern zu mancherlei Abgaben und Leistungen verpflichtet waren. Wir haben bereits erwähnt, daß die meisten Bauern im Laufe des Frühmittelalters ihre Unabhängigkeit verloren und sich gegen Abtretung ihres Grund und Bodens unter die Schutzherrschaft eines adligen Großgrundbesitzers stellen mußten.

Nur einen kleinen Teil eines Großgrundbesitzes bestellte das Gesinde des Gutsherrn selber. Der Rest des Landes wurde in Hofstellen, sogenannte Hufen, aufgeteilt, die je etwa 10 bis 15 Hektaren Ackerland umfaßten, und von Bauernfamilien bewirtschaftet. Schon bald spielte es keine Rolle mehr, ob der Pächter von freier oder unfreier Abstammung war. Mit der Übernahme einer Hofstelle gelangte der Bauer in ein neues Netz von Abhängigkeiten und Verpflichtungen, denn der Gutsherr stellte sein Land natürlich nicht unentgeltlich zur Verfügung.

Ein Ausschnitt aus einem zu Beginn des 9. Jahrhunderts in einem französischen Kloster geschriebenen Verzeichnis des Grundbesitzes zeigt uns, zu welchen Abgaben und Leistungen abhängige Bauern etwa verpflichtet waren: «Sie (gemeint sind die drei Bauern Abrahil, Ceslin und Godalbert) machen Spanndienst (Fuhrdienst) nach Angers und im Monat Mai nach Paris. Sie erbringen für die Heeressteuer (je) 2 Hammel, 9 Hühner, 30 Eier, 100 Bretter und ebenso viele Schindeln, 12 Dauben, 6 Reifen, 12 Fackeln; und an Holz fahren sie zwei Karren nach Suré (einem Ort in der Nachbarschaft). Auf dem Herrenhof umzäunen sie (je) 4 Ruten mit Latten, auf der Wiese 4 Ruten mit Hecke, zur Ernte aber nach Bedarf. Sie pflügen zur Winterbestellung 8 Ruten, zur Frühjahrsbestellung 26 Ruten. (Die Rute war eigentlich ein Längenmaß und entsprach zirka 3 Metern. Hier dürfte aber die Breite eines Ackers gemeint sein.) Neben dem normalen und außerordentlichen Felddienst fahren sie Mist aufs Herrenfeld. Jeder erbringt 4 Pfennig Kopfsteuer.»

An durchschnittlich zwei bis drei Tagen in der Woche arbeiteten die Bauern für ihren Grundherrn. Sie führten Mist auf seine Äcker, und sie pflügten und umzäunten die Herrenfelder. Dazu mußten sie «nach Bedarf» bei der Ernte mithelfen, Transporte übernehmen und feste Abgaben in Holz, Nahrungsmitteln und anderem entrichten. Bereits seit dem 6. Jahrhundert hatte auch die Kirche das Recht, Abgaben einzuziehen; ein Zehntel der Erträge, der Kirchenzehnte, mußte ihr abgeliefert werden.

Darüber hinaus gab es noch weitere, zum Teil verdeckte Verpflichtungen. Wer ein Stück Vieh verkaufen wollte, mußte es zuerst seinem Grundherrn anbieten, dieser hatte also das Vorkaufsrecht. Der Bauern hatte aber auch die Pflicht, seinen Grundherrn oder seine Abgesandten zu beherbergen und zu verpflegen. Normalerweise mußten die Abgaben zu bestimmten Terminen, die meist mit Heiligenfesten zusammenfielen, erbracht werden. Diese Fälligkeitstermine sind zum Teil noch im heutigen Brauchtum erkennbar. Die sogenannte Martinigans zum 11. November, dem Tag des heiligen Martin, erinnert daran, daß an diesem Tag dem Gutsherrn die geschuldeten Gänse abgeliefert werden mußten. Im Laufe der Zeit wurden viele Naturalgaben durch Geldleistungen ersetzt. Die Hörigkeit blieb aber bis weit in die Neuzeit hinein ein Charakteristikum des Bauernstandes. Endgültig von ihren Grundlasten befreit wurden die meisten Bauern erst in den im 19. Jahrhundert entstehenden modernen Staatswesen.

Von Schmieden und anderen Handwerkern

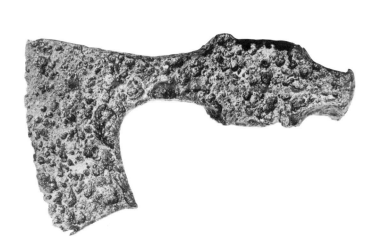

Drei Meißel und eine Axtklinge aus einer Schmiedewerkstatt in der frühmittelalterlichen Siedlung von Sézegnin GE.

Neben den Bauern, die mehr als 90 Prozent der Gesamtbevölkerung ausmachten, stellten die Handwerker eine verschwindend kleine Minderheit dar. Dennoch wissen wir über sie im Grunde genommen mehr als über die Bauern. Denn ein Teil ihrer Erzeugnisse, vor allem kunsthandwerkliche Produkte, Gürtelschnallen, Fibeln und andere Schmuckgegenstände, ist uns bis heute erhalten geblieben. Dazu kommen auch Waffen, Geräte und Werkzeuge. Auch einige schriftliche Quellen enthalten Angaben über die Handwerker und ihre Arbeit.

So waren zum Beispiel die Schmiede durch ein erhöhtes Wergeld geschützt. Dies zeigt, daß sie damals die angesehensten Berufsleute waren. Das Schmiedehandwerk war bereits sehr stark spezialisiert. Im alamannischen Recht werden Gold-, Silber-, Waffen- und Grobschmiede erwähnt. Es ist klar, daß in einer unruhigen und kriegerischen Zeit wie dem Frühmittelalter der Waffenschmied ein ganz besonders wichtiger Mann war. Bekannt und weiterum begehrt waren vor allem die fränkischen Schwerter. Ihre Herstellung wird sogar in Sagen und Legenden beschrieben. Die älteste germanische Heldensage berichtet, wie der gefangene Schmied Wieland für den bösen König Nidhard ein Schwert schmieden mußte:

«Der König sagte: ‚Das Schwert ist gut', und wollte es haben. Wieland entgegnete: ‚Das ist noch nicht sonderlich gut. Es soll noch viel besser werden, ehe ich aufhöre.' Wieland setzte sich wieder in seine Schmiede, nahm eine Feile, zerfeilte das Schwert zu ganz kleinen Spänen und mischte Mehl darunter. Dann ließ er zahme Vögel drei Tage hungern und gab ihnen hinterher die Mischung zu fressen. Den Vogelkot tat er in die Esse, schmolz und glühte aus dem Eisen alle verbliebenen Schlacken, und daraus schmiedete er dann wieder ein Schwert, das war kleiner als das erste. Dazu war es sehr handlich. Wieder suchte der König Wieland auf, betrachtete das Schwert und beteuerte, es sei das schärfste und beste, das er je gesehen. Sie gingen zum Fluß, und Wieland nahm eine drei Fuß dicke und ebenso lange Wollflocke in die Hand und warf sie in den Fluß. Das Schwert hielt er ruhig im Wasser, die Flocke trieb gegen die Schwertschneide, und das Schwert zerschnitt die Flocke ebenso glatt wie den Strom selbst.»

Aber auch die Feinschmiede, die es verstanden, Gold, Silber oder Bronze zu Schmuckstücken zu verarbeiten, hatten, nach den Gesetzestexten zu schließen, eine herausgehobene Stellung. Für das Frühmittelalter besonders charakteristische Arbeitstechniken waren das Gießen von Edelmetallen, das Einlegen und Einfassen von Edelsteinen und das schon beschriebene Tauschieren.

Verschiedene Gerätschaften der Textilverarbeitung aus Knochen und Ton. Oben einige Webgewichte aus einem Webkeller in Sézegnin, unten rechts ein Webbrettchen, ein Spinnwirtel und drei Nadeln aus einem Grubenhaus auf dem Münsterhügel in Basel, in der Mitte unten ein Webbrettchen aus Hofstetten SO.

Neben den Schmieden gab es noch zahlreiche weitere handwerkliche Berufszweige wie Drechsler, Böttcher, Tischler, Töpfer, Glasbläser usw. Viel Druckerschwärze ist schon der Frage gewidmet worden, wo die Handwerker ihre Werkstätten hatten und welchen Status – Freier oder Höriger – sie besaßen. Mit archäologischen Mitteln allein lassen sich diese Fragen nicht lösen, und leider helfen auch die schriftlichen Quellen nicht viel weiter. Handwerker arbeiteten sicher in den größeren und kleineren städtischen Siedlungen, wie wir dies schon im ersten Kapitel beschrieben haben. Dazu ist anzunehmen, daß zumindest zu den größeren Gutshöfen und Klöstern Werkstätten gehörten, in denen hörige Handwerker ihren Beruf ausübten. In kleineren Dörfern gab es wahrscheinlich lediglich einen Grobschmied, der einfaches, landwirtschaftliches Gerät herstellen und reparieren konnte. Für den alltäglichen Gebrauch war wohl jeder noch sein eigener Schreiner, Tischler oder Zimmermann.

Auch Textilien wurden vorwiegend in Heimarbeit hergestellt, denn zu jedem Bauernhof scheint eine eigene Webstube gehört zu haben. Daneben ist auch mit größeren Weberei-Werkstätten an den Herrensitzen zu rechnen, wo gute Stoffe hergestellt werden konnten. Offenbar haben in diesen Ateliers nicht nur die Frauen und Mädchen der hörigen Bauern, sondern auch die adligen Damen selbst gearbeitet. Daß Spinnen und Weben damals als durchaus standesgemäße Beschäftigung galt, zeigt das Beispiel der bekannten Königin Berta, die im 10. Jahrhundert gelebt hat. Von ihr heißt es ja, sie sei so fleißig gewesen, daß sie selbst beim Ausreiten noch Wolle gesponnen habe!

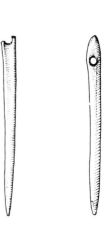

Die Zeit der Karolinger

In der Klosterschule

«Achtung, er kommt!» ruft der kleine Ansgar, der heute morgen die Ankunft des Magisters abpassen muß. Natürlich hat auch der Mönch Beda, der Schulmeister des Klosters, den Kopf des Kleinen in der Tür des Schulhauses verschwinden sehen. Er lächelt bloß nachsichtig. Irgendeinmal müssen sich die Klosterschüler auch ein bißchen austoben können. Es sind schließlich ihre einzigen freien Minuten, denn sonst ist ihr Leben der gleichen, strengen Zucht und Ordnung unterworfen, die auch für die Mönche gilt.

Inzwischen ist es in der Schulstube ruhig geworden. Alle Schüler sitzen auf ihren Hockern. Clemens versetzt noch rasch dem vor ihm sitzenden Donatus mit seiner Schreibtafel eine kräftige Kopfnuß als Strafe dafür, daß er ihm heute nacht auf dem Weg zum Gottesdienst ein Bein gestellt hat. Bevor Donatus zurückschlagen kann, tritt der Magister ein, und ein neuer, anstrengender Schultag beginnt. Niemand mehr kann das Schulzimmer betreten, niemand verläßt es, und keiner redet, ohne dazu aufgefordert zu sein. Eberhard, ein junger Mönch und Gehilfe von Magister Beda, übernimmt den Lateinunterricht der Anfänger. Er spricht ihnen einfache Sätzchen vor, die sie wiederholen müssen.

«Bos mugit, das Rind muht, das Pferd wiehert, der Hund bellt...» Oder er stellt einfache Fragen, die von den Kindern beantwortet werden müssen.
«Wer ist zweimal geboren und gestorben?»
Antwort: «Lazarus.»
«Wer war der erste König Israels?»
«Saul.»
«Wer pflanzte die erste Weinrebe?»
«Noah.»

Die Fortgeschrittenen studieren mit Beda einen Dialog ein, den sie auswendig gelernt haben. Es ist ein Frage- und Antwortspiel zwischen Lehrer und Schülern über das Leben im Kloster. So lernen die Kinder nicht nur Latein, sondern gleichzeitig auch richtiges Verhalten als angehende Mönche. Die Schüler eröffnen das Gespräch:
«Wir bitten dich, Magister, daß du uns richtig Latein reden lehrst, denn wir sind unwissend und sprechen es schlecht.»
Der Lehrer antwortet: «Worüber wollt ihr denn reden?»
«Was kümmert es uns, worüber wir reden, wenn es nur richtig und nützlich ist und nicht dummes oder schlimmes Zeug.»
«Ist es euch egal, wenn ihr in der Schule geschlagen werdet?»
«Es ist besser, als unwissend zu bleiben. Aber wir wissen, daß du uns nicht schlägst, außer wenn wir es verdient haben.»
«Was ist deine Arbeit?»
«Ich bin ein Mönch und singe jeden Tag mit meinen Brüdern die sieben Stundengebete, und ich lerne lesen und singen, aber ich möchte dazu auch richtig Latein reden lernen.»
«Warum lernt ihr so fleißig?»
«Weil wir nicht so sein wollen wie die Tiere, die nichts können als Gras fressen und Wasser trinken.»
«Was wollt ihr denn?»
«Wir wollen weise sein.»
«Was ist die Weisheit? Wollt ihr so sein wie diejenigen, die arglistig sind, die gut reden und schlecht denken, die süße Worte reden, aber schlechte Gedanken hegen?»
«So wollen wir nicht sein, denn wer sich verstellt, ist nicht weise.»
«Und, wie wollt ihr sein?»
«Wir wollen einfach sein und ohne Heuchelei, wir wollen das Schlechte

erkennen und das Gute tun. Aber du redest zu gescheit für unser Alter. Rede doch so, daß wir verstehen können, was du sagst!»

«Gut, ich werde tun, was ihr wollt. Du, mein Junge, bist du heute geschlagen worden?»

«Nein, denn ich bin still gewesen.»

«Und die anderen?»

«Warum fragst du mich das? Ich traue mich nicht, dir unsere Geheimnisse zu verraten. Jeder weiß selbst, ob er geschlagen wurde oder nicht.»

«Was ißt du den Tag über?»

«Jetzt esse ich noch Fleisch, weil ich ein Junge bin, der unter der Rute lebt.»

«Was ißt du außerdem?»

«Kohl und Eier, Fisch und Käse, Butter und Bohnen, überhaupt alles, was sauber ist, esse ich und danke dafür.»

«Du bist sehr gierig, wenn du alles ißt, was dir vorgesetzt wird.»

«So gefräßig bin ich nicht, daß ich alle Arten von Speisen bei einer einzigen Mahlzeit essen kann.»

«Aber wie machst du es denn?»

«Manchmal esse ich von dieser Speise, manchmal von einer anderen, immer mit Maßen, wie es sich für einen Mönch gehört.»

«Und was trinkst du?»

«Bier, wenn ich es habe, oder Wasser, wenn ich kein Bier habe.»

Da erklingt die Glocke, die Mönche und Schüler zum Vormittagsgebet und zur Tagesmesse ruft. Nach dem Gottesdienst geht der Schulunterricht weiter. Neben Latein, Lesen und Singen steht auch Rechnen auf dem Stundenplan. Da der Unterricht ausschließlich mündlich erteilt wird, müssen die Kinder den ganzen Stoff auswendig lernen und im Kopf behalten. Der Gehilfe Eberhard zeigt den Kleineren, wie sie sich mit Hilfe der Finger auch größere Zahlen merken können. Die drei letzten Finger der linken Hand werden, in verschiedenen Stellungen gekrümmt, für die Einer verwendet. Daumen und Zeigefinger drücken die Zehner aus. Entsprechend werden mit der rechten Hand Hunderter und Tausender dargestellt. Man kann sich sogar fünf- und sechsstellige Zahlen merken, je nachdem, ob man die Hände vor Brust, Bauch oder Oberschenkel hält. Die Größeren müssen unterdessen lernen, die kirchlichen Festtage zu berechnen. Zur Auflockerung stellt ihnen der Lehrer auch ab und zu eine Rechenaufgabe wie die folgende, die er in eine kleine Geschichte gekleidet hat: «Ein Jüngling geht auf die Wildschweinjagd. Er tötet einen Keiler, tritt dabei aber auf eine Schlange und erhält einen tödlichen Biß. Seine Mutter klagt: ‚Mein Sohn, hättest du doppelt so lange gelebt, wie du gelebt hast, dann nochmals so lange und dann noch die Hälfte dazu und dann noch ein einziges Jahr, dann wärst du hundert Jahre alt geworden.'»

Eifrig wird gerechnet, bis die Glocke zum Mittagsgebet ruft. Dann begeben sich die Schüler in Reih und Glied, vom Magister beaufsichtigt, in das Refektorium, den Speisesaal. Während des Essens, das schweigend eingenommen wird, liest einer der Mönche aus der Lebensbeschreibung des heiligen Gallus vor:

«Als sie schon sehr viele Orte durchstreift hatten, kamen sie, innerhalb der Landstriche Alamanniens, zu einem Fluß, der Limmat heißt. An ihm entlang aufwärts strebend, gelangten sie an den Zürichsee. Da sie an seinen Ufern entlang zum Ende des Sees kamen, zu einem Ort, der Tuggen heißt, schien ihnen dieser wohl dafür geschaffen, sich niederzulassen. Nun aber waren die dort wohnenden Menschen roh und gottlos, pflegten Götzendienst, verehrten Götzenbilder mit Opfern, hielten sich an Vorzeichen und Weissagungen und betrieben vielerlei abergläubische Riten, die mit der Gottesverehrung unvereinbar sind. Als nun die heiligen Männer sich unter ihnen niedergelassen hatten, lehrten sie sie, den Vater, den Sohn und den Heiligen Geist anzubeten und den wahren Glauben zu beachten. Besonders der selige Gallus, Schüler des heiligen Mannes, war mit frommem Eifer gerüstet, zündete die Tempel an, in denen sie den Götzen opferten, und was er an Opfergaben fand, versenkte er im See. Darüber waren sie voll Zorn und Haß, bedrängten die heiligen Männer und wollten, nach gemeinsamem Beschluß, den Gallus umbringen, den Columban geißeln und mit Schimpf und Schande aus ihrem Gebiet jagen. Der selige Vater, der von ihrem Beschluß erfahren hatte, verwünschte sie in gerechtem Zorn. Dann aber, nicht aus Furcht vor Verfolgung, sondern im Wunsch nach geistlichem Erfolg, verließ er den unzugänglichen Haufen der Widerspenstigen, um nicht vergeblich dürre Herzen weiterhin zu begießen, da er doch mittlerweile gutwilligen Gemütern größten Gewinn bringen konnte. Er zog also mit den Seinen weiter, kam in das Kastrum, das Arbon heißt, und fand dort einen Priester von besonderer Freundlichkeit, namens Wilimar.

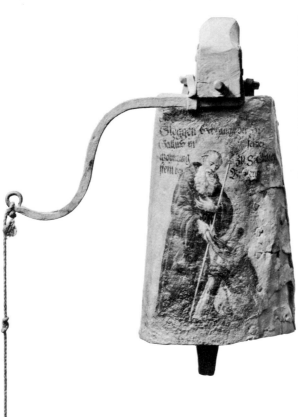

Die sogenannte Gallusglocke stammt aus der Gründungszeit des Klosters St. Gallen: Sie ist die älteste Glocke der Schweiz. Sie ist nicht gegossen, sondern aus Kupferblech zusammengenietet. Die Bemalung ist erst im 18. Jahrhundert angebracht worden. Vielleicht war es diese Glocke, die die Klosterschüler unserer Erzählung zum Gottesdienst rief.

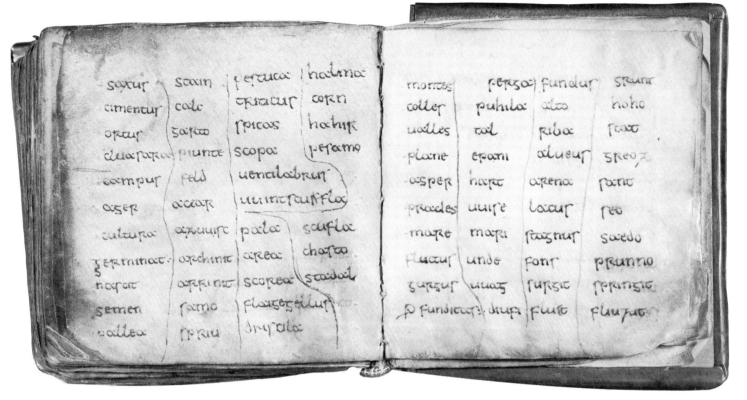

Eine Seite aus einem lateinisch-deutschen Wörterbuch. Es ist eines der ältesten Schriftstücke in deutscher Sprache. Auf der ersten Linie lesen wir von links nach rechts: saxus = stain (Stein), festuca = halma (Halm), montes = perga (Berge), fundus = grunt (Grund).

Als er ihn erblickt hatte, sagte er: ‚Gelobt sei, der da kommt im Namen des Herrn.' Ihm antwortete der Mann Gottes so: ‚Aus den Ländern hat uns der Herr gesammelt...'»
Nach der Ruhepause und dem Nachmittagsgebet werden die größeren Schüler zur Gartenarbeit geschickt. Der Mönch Leidrad, dem das Hospital und die Apotheke mit dem Kräutergarten unterstehen, leitet die Jünglinge an. Während der Arbeit macht er sie gleichzeitig mit den verschiedenen Pflanzen, ihrer Pflege und ihrer Anwendung in der Heilkunde vertraut. «Bei einem Hundebiß», so erklärt Leidrad beispielsweise, «soll man Sellerieblätter mit Salz und Brot auflegen, man kann auch gesalzene Minze verwenden. War der Hund aber tollwütig, so soll man eine Zwiebel in Met abkochen, sie zerreiben, mit Honig mischen und das Mittel auf die Wunde legen. Man kann auch in Essig und Salz eingelegten Koriander auflegen. Koriandersamen in warmem Wasser oder Met helfen auch gegen Verdauungsstörungen. Gegen Magenschmerzen helfen getrocknete Rosenblätter mit Pfefferkörnern in warmem Wasser...»
Unterdessen werden die jüngeren Schüler im Skriptorium, der Schreibstube, in die Geheimnisse des Schreibens eingeweiht. Die Anfänger kritzeln die Buchstaben des Alphabets auf ihre Schreibtafeln. Die Fortgeschrittenen machen sich vorerst Notizen auf ihren Wachstafeln und übertragen den Text dann sorgfältig mit Tinte und Feder auf Pergament. Dabei lernen sie auch, wie das Pergament zum Schreiben vorbereitet werden muß. Pergament wird aus Kalbs- oder Schafhäuten hergestellt. Die Rohhäute werden mehrere Tage in Kalkwasser eingelegt, dann aufgespannt, beidseitig abgeschabt, geglättet, zugeschnitten, gefaltet und liniert. Da Pergament sehr kostbar ist, werden auch Blätter aus alten, abgenützten oder unvollständigen Schriften wieder verwendet, wobei die alte Schrift mit dem Radiermesser sorgfältig getilgt wird.
Die Schüler sind nicht die einzigen, die im Skriptorium arbeiten. An mehreren Pulten sitzen Mönche und kopieren Handschriften für die Klosterbibliothek, die sich im ersten Stock über der Schreibstube befindet. Der Leiter des Skriptoriums hat lange Nachforschungen über Otmar, den

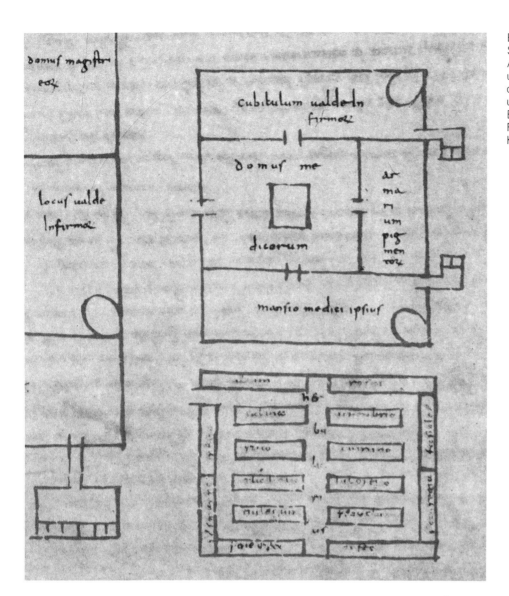

Ein Ausschnitt aus dem St. Galler Klosterplan. Abgebildet sind das Ärztehaus und der Heilkräutergarten. In den Pflanzbeeten finden wir unter anderem Lilien, Rosen, Bohnenkraut, Bockshornklee, Rosmarin, Minze, Salbei, Kümmel und Fenchel.

ersten Abt des Klosters, angestellt. Er braucht allerdings nicht mehr selbst zur Feder zu greifen, sondern kann die Ergebnisse seiner Untersuchungen einem Schreiber diktieren. Nahe beim Fenster hat sich der Buchmaler eingerichtet. Er verziert die Anfangsbuchstaben, umrahmt die beschriebenen Seiten und bemalt die freigelassenen. Schließlich werden die einzelnen Schriftbogen zusammengebunden, und besonders wertvolle Schriften erhalten noch einen kostbaren, schützenden Einband.

So vergeht der Nachmittag rasch bei eifriger Arbeit. Nach einem einfachen Nachtessen und dem Abendgottesdienst widmen sich die Klosterschüler noch der Lektüre von Psalmen. Dann begeben sie sich – nach einem letzten gemeinsamen Gebet – unter Aufsicht ihres Lehrers in ihren Schlafkammern zu Bett. Es ist ihnen nur eine kurze Nachtruhe vergönnt, denn bereits um zwei Uhr in der Früh wird man sie zum nächsten Gottesdienst wecken.

Mit der kleinen Geschichte aus der Klosterschule machen wir gegenüber den anderen Kapiteln einen großen Zeitsprung in die erste Hälfte des 9. Jahrhunderts. Für diese Zeit, das Ende des Frühmittelalters, gibt es nun wieder vermehrt schriftliche Aufzeichnungen, so daß in dieser letzten Erzählung wesentlich weniger erfunden, dafür aber um so mehr abgeschrieben ist. Die Lateinübungen und die Rechenaufgabe – der Jüngling auf der Wildschweinjagd ist übrigens 16½ Jahre alt geworden – sind durchaus echt. Das Gespräch der Lateinschüler mit ihrem Lehrer, der über die Köpfe der Kinder hinwegredet, ist in Wirklichkeit allerdings erst später, nämlich gegen Ende des 10. Jahrhunderts, in einem englischen Kloster aufgezeichnet worden. Der Schauplatz unserer Geschichte liegt natürlich nicht auf den Britischen Inseln, sondern im Kloster St. Gallen, wie aus der Erwähnung des heiligen Gallus und des Abtes Otmar unschwer zu erraten ist. Mit dem Kloster St. Gallen und seiner Frühgeschichte, der Bedeutung der Klöster vom 7. bis 9. Jahrhundert und der fränkischen Dynastie der Karolinger wollen wir uns auf den nächsten Seiten befassen.

Ein Schreiber an der Arbeit in der Schreibstube (Skriptorium) seines Klosters. Aus einer englischen Handschrift des 8. Jahrhunderts.
Nicht nur Columban und Gallus, sondern auch viele andere Mönche von den Britischen Inseln waren im 7. und 8. Jahrhundert auf dem Kontinent tätig. Mit ihrer Missionsarbeit und mit ihren Klostergründungen schufen sie dem Mönchtum neue, dauerhafte Grundlagen.

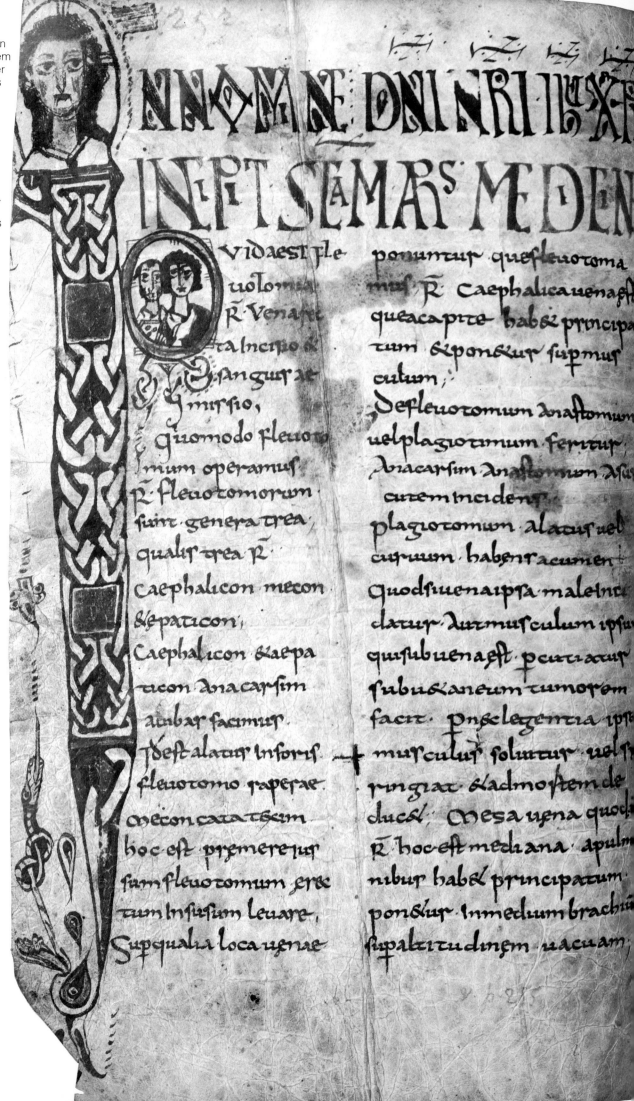

Die Titelseite einer medizinischen Handschrift aus dem 9. Jahrhundert. Der Anfang des Textes lautet übersetzt folgendermaßen: IM NAMEN DES HERRN JESUS CHRISTUS BEGINNT DIE MEDIZINKUNST IHRE WISSENSCHAFT. Was ist Aderlaß? Antwort: Richtiges Anstechen einer Vene zur Blutentnahme …

Columban, Gallus und Otmar

Diese Bronzeschnalle mit der Darstellung zweier nackter Menschen - vielleicht Adam und Eva - ist in Arbon gefunden worden. Sie gehört in den Kreis der Danielschnallen, die sonst nur aus der romanischen Westschweiz bekannt sind. Die Schnalle bestätigt, was in der Lebensbeschreibung des heiligen Gallus steht, daß in Arbon, mitten im Gebiet der heidnischen Alamannen, auch Christen lebten.

Um 590 verließ der irische Mönch Columban mit einigen Gefährten seine Heimat, um sich auf dem Festland der Heidenbekehrung zu widmen. Mit Unterstützung des merowingischen Königshauses gründete er in den Vogesen das Kloster von Luxeuil. Von hier aus sind im 7. Jahrhundert zahlreiche andere Klöster gegründet worden, so etwa auch diejenigen von Münster-Granfelden (Moutier-Grandval) und von St-Ursanne. Auch das bereits erwähnte Kloster von Romainmôtier, das im Verlaufe des 6. Jahrhunderts aufgegeben worden war, ist von Luxeuil aus neu belebt worden.

Im Jahre 610 unternahm Columban mit Beihilfe des austrasischen Königs Teudebert II. eine Missionsreise nach Alamannien. Unter seinen Begleitern befand sich auch der Mönch Gallus. Mit welch grobschlächtigen Methoden dieser die heidnischen Alamannen zu bekehren versuchte, haben wir bereits gehört, während die Klosterschüler ihre Suppe löffelten. Kein Wunder, daß die frommen Männer von den erbosten Einheimischen vertrieben wurden. Über Arbon, wo sie inmitten einer heidnischen Umgebung eine isolierte Christengemeinde antrafen, gelangten die Mönche nach Bregenz. Neben dem Hitzkopf Gallus zeigte sich hier auch Columban selbst als draufgängerischer Missionar. Er vereitelte nämlich ein Bieropfer, das die Heiden ihrem Gotte Wotan darbringen wollten. Die Legende weiß zu berichten, daß Columban auf das Opfergefäß, einen großen, eisenbeschlagenen Holzeimer, gepustet habe, worauf dieser krachend auseinandergeborsten sei. Sein kräftiger Atem und seine mahnenden Worte hätten auf die Barbaren einen so starken Eindruck gemacht, daß sich viele von ihnen taufen ließen. Drei Jahre blieben Columban und seine Gefährten in Bregenz. Dann wanderten sie nach Italien weiter. In Bobbio, in der Lombardei, gründete Columban noch ein weiteres wichtiges Kloster. Hier verstarb er im Jahre 615. Gallus war seinem Meister nicht nach Italien gefolgt, sondern in unserer Gegend geblieben. Er zog sich ins Steinachtal zurück und sammelte dort, unterstützt vom alamannischen Herzog Gunzo, eine Eremitengemeinschaft um sich. Im Gegensatz zum Großteil der Bevölkerung war der alamannische Adel damals bereits christianisiert. Der gleiche Herzog trug Gallus wenige Jahre später auch die Bischofswürde von Konstanz an. Gallus lehnte jedoch ab, und auf sein Anraten wurde der aus Grabs im St. Galler Rheintal stammende Diakon Johannes, ein Räto-Romane, zum Bischof erhoben.

Seit der Spätantike bestanden enge Verbindungen zwischen dem Bodenseeraum und dem Bünderland, die auch während des Frühmittelalters bestehen blieben. Dank der abgeschiedenen Lage dieser Gegend war dort das spätrömische Staatsgefüge weitgehend intakt geblieben. In Chur herrschte die mächtige Familie der Viktoriden. Sie vereinigten geistliche und weltliche Macht - Bischofswürde und Statthalteramt - in einer Hand und gaben

Die reichbemalte Titelseite einer irischen Handschrift, die in der Stiftsbibliothek St. Gallen aufbewahrt wird.

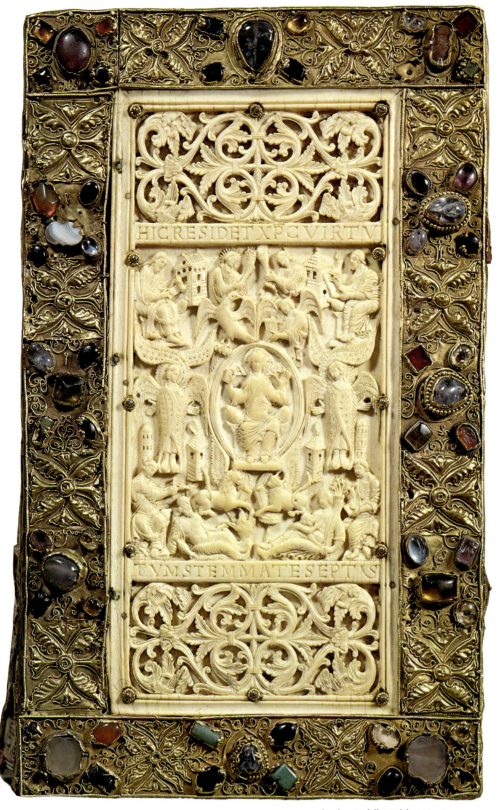

In den goldbeschlagenen Bucheinband ist eine 32×15 Zentimeter große Elfenbeintafel eingelegt, die vom St. Galler Mönch Tuotilo (etwa 850–913) mit Schnitzereien verziert worden ist. Im mittleren Bildfeld ist die Auffahrt der Muttergottes zu sehen, unten eine Szene aus dem Leben des heiligen Gallus.
Wie andere Elfenbeintafeln, die in St. Gallen zu Bucheinbänden umgearbeitet worden sind, war auch diese ursprünglich eine Schreibtafel. Auf ihnen hat sich Karl der Große höchstpersönlich im Schreiben geübt.

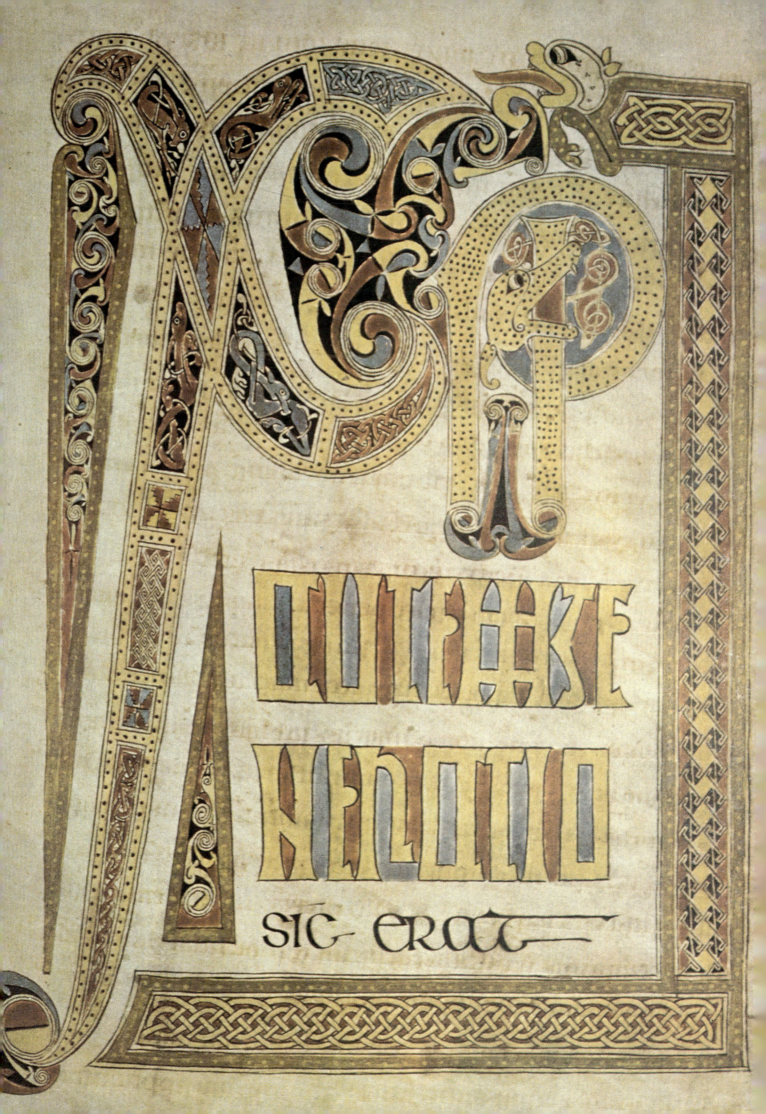

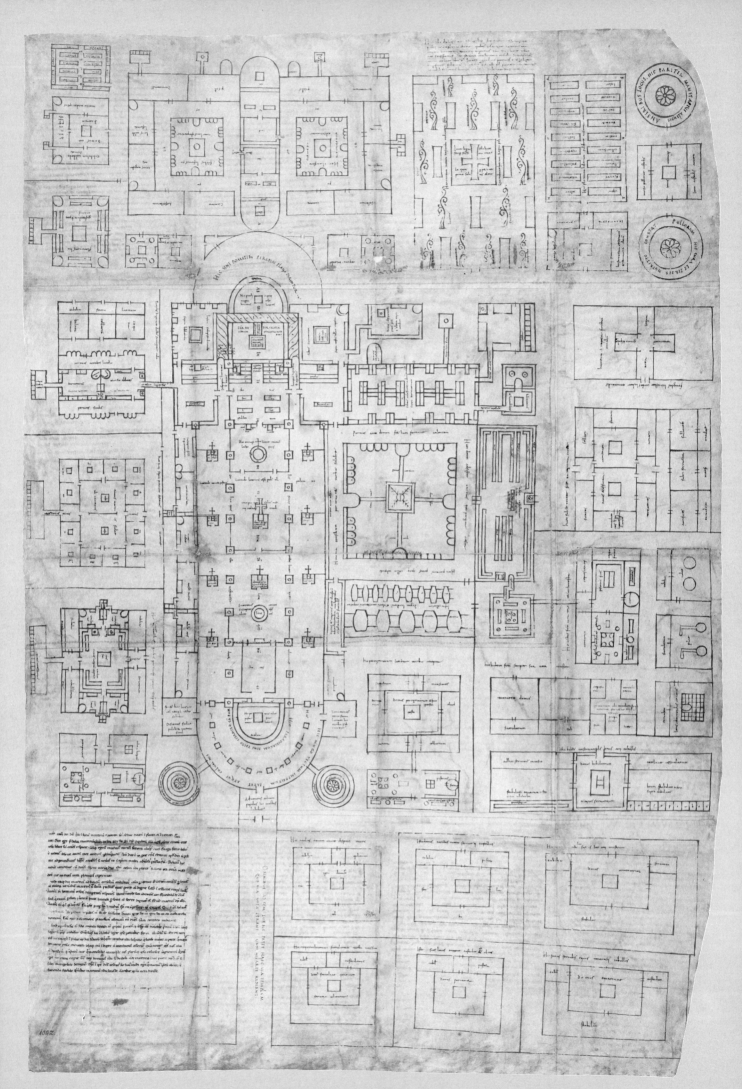

Der St. Galler Klosterplan

Der in der Stiftsbibliothek St. Gallen aufbewahrte Klosterplan ist eine Grundrißzeichnung einer vollständigen Klosteranlage mit ihren Kirchen, Wohn-, Eß- und Schlafräumen sowie Küchen, Bädern, Werkstätten und anderen Nebengebäuden. Er ist sicher der am meisten und gründlichsten untersuchte Architekturplan der Welt. Dennoch bleiben viele Fragen um dieses einzigartige, fast zwölfhundert Jahre alte Bilddokument auch heute noch offen. Nicht einmal über den Maßstab des Plans sind sich die Forscher einig geworden! Aber auch Inhalt und Zweck des Plans geben immer wieder zu neuen Diskussionen Anlaß. Handelt es sich um einen Bauplan, mit dem ein Baumeister auch wirklich bauen konnte? Oder ist es im Gegenteil ein Idealplan, der lediglich zeigt, wie ein mustergültiges Kloster aussehen sollte? Oder ist es am Ende gar eine bloße Entwurfsskizze?

Der 77 × 112 Zentimeter große Plan ist mit roter Tinte auf fünf zusammengenähte Pergamentbogen gezeichnet. In lateinischer Sprache sind Erläuterungen und Maßangaben mit schwarzbrauner Tinte beigefügt. Die Überschrift lautet übersetzt etwa folgendermaßen: «Lieber Gozbert, ich habe diese Kopie von der Anlage des Klosters an dich gesandt, damit du deinen Kunstsinn betätigen und meine Ergebenheit erkennen kannst. Ich vertraue darauf, daß ich in der Befriedigung deiner Wünsche nicht lästig befunden werde. Argwöhne aber nicht, daß ich die Kopie deswegen gemacht habe, weil wir glauben, daß ihr unserer guten Ratschläge bedürft; vielmehr habe ich sie aus Liebe zu Gott für dich allein zu deinem Gebrauch gezeichnet. Leb wohl in Christus, gedenke stets unser, Amen.»

Im ganzen Mittelalter gab es in St. Gallen nur von 816 bis 837 einen Abt namens Gozbert. Von ihm wissen wir zudem, daß er den Bau einer neuen Klosterkirche in Angriff nahm. Der Titel sagt uns also nicht nur, an wen der Plan gerichtet war, sondern auch, wann er entstanden ist. Obwohl der Absender leider nicht unterschrieben hat, wissen wir mit ziemlicher Sicherheit, woher der Plan kommt. Sorgfältige Schriftvergleiche haben nämlich gezeigt, daß er in der Schreibstube des Klosters Reichenau angefertigt worden sein muß. Die Überschrift sagt uns auch, daß der St. Galler Klosterplan kein Original ist, sondern von einer Vorlage, die im Laufe der Zeit verlorengegangen ist, kopiert worden ist. Auch der Plan selber liefert entsprechende Hinweise, denn er weist kleine Fehler und Ungenauigkeiten auf, die uns verraten, daß die Vorlage dem Zeichner beim Durchpausen ab und zu etwas verrutscht ist.

In der vorliegenden Form ist der Klosterplan in St. Gallen sicher nie verwirklicht worden. Er ist aber dennoch ein höchst interessantes Zeitdokument, weil er uns zeigt, wie ein größeres Kloster zu Beginn des 9. Jahrhunderts ausgesehen haben kann. Im Zentrum der Klosteranlage erhebt sich eine mächtige, dreischiffige Kirche, die beim Eingang auf der Westseite von zwei runden Türmen flankiert wird. Auf der Südseite schließen sich die um einen Kreuzgang gruppierten, den Mönchen vorbehaltenen Gebäude an. Im Ostflügel befinden sich im Untergeschoß der heizbare Aufenthaltsraum und im Obergeschoß der große Schlafsaal. Die Betten, 77 an der Zahl, sind im Plan fein säuberlich eingezeichnet. Über zwei Korridore ist dieser Trakt mit einem Wasch- und Badehaus beziehungsweise einem Abtritt verbunden. Im Südflügel ist der große Speisesaal mit seinen langen Tischen und Bänken untergebracht. Ein kurzer Gang führt von hier in die Küche, die ihrerseits mit der benachbarten Bäckerei und Brauerei direkt verbunden ist. Im Westflügel werden die Vorräte gelagert, auf dem Plan durch zwei Reihen größerer und kleinerer Fäßer dargestellt. Unmittelbar außerhalb dieses engsten Klosterbezirkes liegt eine große Pilgerherberge mit eigener Bäckerei und Brauerei. Auf der Süd- und Westseite wird das Klosterareal von einer ganzen Reihe von Werkstätten, Scheunen und Stallungen abgeschlossen. Entlang der Nordseite der Kirche befinden sich ein Haus für hochgestellte Gäste samt zugehörigen Nebengebäuden, der Palast des Abtes und die Schule. Das Schulhaus weist zwei große, zentrale Räume auf, von denen der eine als Schulzimmer, der andere als Pausen- und Freizeitraum dient. Darum herum sind zwölf Kammern angeordnet, in denen die Klosterschüler untergebracht sind.

Östlich der Klosterkirche liegen das Krankenhaus mit Arztwohnung und anderen Nebengebäuden, das Noviziat, das heißt die Unterkunft der angehenden Mönche, und die verschiedenen Klostergärten: in der Nähe des Spitals ein kleiner Heilkräutergarten, beim Gärtnerhaus ein größerer Gemüsegarten, während der Friedhof auch gleichzeitig Obstgarten ist.

Die ganze Klosteranlage ist eine gut durchdachte und auf engstem Raum sinnvoll ausgelegte kleine Stadt, in der alles Lebensnotwendige vorhanden ist.

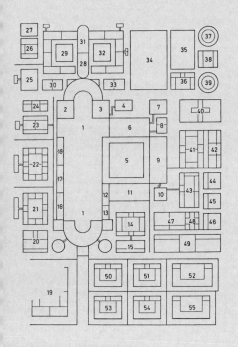

Die Bauten des Klosterplans. Übersicht

1 Basilika
2 Schreibstube (im Obergeschoß Bibliothek)
3 Sakristei (im Obergeschoß Paramentenkammer)
4 Hostienbäckerei und Ölpresse
5 Kreuzgang
6 Tagesraum der Mönche (im Obergeschoß Schlafsaal)
7 Abtritt
8 Wasch- und Badehaus
9 Speisesaal (im Obergeschoß Kleiderkammer)
10 Küche der Mönche
11 Vorräte
12 Sprechzimmer für Besucher
13 Stube des Pilgermeisters
14 Pilgerherberge
15 Brauerei und Bäckerei der Pilgerherberge
16 Wohnung des Gastmeisters
17 Wohnung des Schulmeisters
18 Wohnung für durchreisende Ordensbrüder
19 Unterkunft der Reisebegleitung vornehmer Gäste
20 Küche mit Speisekammer, Brauerei und Bäckerei des Gästehauses
21 Gästehaus
22 Schule
23 Abtspfalz
24 Bad, Speisekammer und Küche der Abtspfalz
25 Haus für den Aderlaß und die Anwendung von Purgiermitteln
26 Arzthaus mit Apotheke und Zimmer für Schwerkranke
27 Arzneikräutergarten
28 Kapelle des Krankenhauses
29 Krankenhaus
30 Bad und Küche des Krankenhauses
31 Kapelle des Novizenhauses
32 Novizenhaus
33 Küche und Bad des Novizenhauses
34 Obstgarten und Friedhof
35 Gemüsegarten
36 Gärtnerhaus
37 Gänsestall
38 Haus der Geflügelwärter
39 Hühnerstall
40 Kornspeicher mit Dreschtenne
41 Räume des Kämmerers und Werkstätten (Sattler und Schuhmacher, Schildmacher und Schwertfeger/Messerschleifer, Gerber und Drechsler)
42 Werkstätten (Walker, Grobschmied, Goldschmied)
43 Bäckerei und Brauerei der Mönche
44 Mühle
45 Stampfe
46 Darre
47 Werkstätten (Küfer, Holzmechaniker)
48 Kornspeicher
49 Pferde- und Ochsenstall
50 Schafstall
51 Ziegenstall
52 Kuhstall
53 Gesindehaus
54 Schweinestall
55 Stutenstall

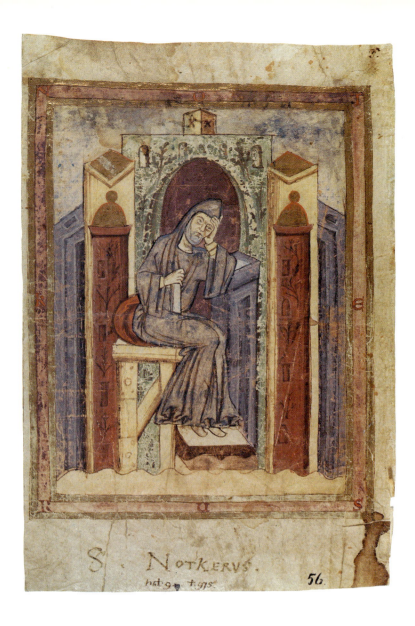

Der St. Galler Mönch Notker mit dem Beinamen Balbulus (der Stammler), etwa 840–912, war ein bedeutender Dichter, Komponist und Historiker.

Der reichverzierte Stab des heiligen Germanus, des ersten Abtes des Klosters von Münster-Granfelden (Moutier-Grandval). Sein Stab wurde zum Wappenzeichen dreier Schweizer Kantone.

diese Ämter nur innerhalb der eigenen Familie weiter.
Im hohen Alter ist Gallus um 650 gestorben und bei seiner Mönchszelle bestattet worden. Seine Grabstätte hatte in den folgenden Jahrzehnten ein sehr wechselhaftes Schicksal. Schutzsuchende Gläubige suchten sie gerne auf. Mehrmals wurde sie aber von Plünderern zerstört und mußte von den Anhängern des Heiligen wieder instand gesetzt werden. Das Gallusgrab konnte sich deshalb vorerst nicht zu einem größeren religiösen Zentrum entwickeln.
Eine Änderung trat erst ein, als der Mönch Otmar im Auftrage des alamannischen Grafen Waltram um 720 aus der Galluszelle ein Kloster machte. Otmar war zwar ein Alamanne, hatte seine Priesterausbildung aber in Chur erhalten. Auch hier zeigen sich wieder die engen Verbindungen des alamannischen Bodenseeraumes mit den Viktoriden. Während rund vierzig Jahren wirkte Otmar als Abt. In dieser Zeit konnte er den Besitzstand seines Klosters wesentlich erweitern. Dabei kamen ihm zweifellos die Zeitumstände entgegen. In diesen Jahren kämpften nämlich die karolingischen Herrscher Karlmann und Pippin gegen den alamannischen Adel. Viele Adlige zogen es vor, ihre Ländereien dem einheimischen Kloster St. Gallen zu übertragen, bevor sie von den verhaßten Franken beschlagnahmt werden konnten. Nach der Niederlage der alamannischen Großen – das «Blutbad von Cannstatt» im Jahre 746 haben wir bereits erwähnt – mußte Otmar den Franken als letzter alamannischer Landesherr und damit als gefährlicher politischer Gegner erscheinen. So erstaunt es nicht, daß die fränkischen Grafen alles daransetzten, den St. Galler Abt zu Fall zu bringen, was ihnen im Jahre 759 schließlich gelang. Nach einem Scheinprozeß wurde Otmar vorerst in der Königspfalz von Bodman am Bodensee eingekerkert und wenig später auf die Insel Werd bei Stein am Rhein verbannt. Dort starb er noch im gleichen Jahr. Das Kloster St. Gallen wurde nun zwangsweise der fränkischen Reichsverwaltung unterstellt.
Bereits um 820 erlangten die St. Galler Mönche ihre Unabhängigkeit wieder zurück. Von nun an wurde das Kloster von den Karolingern stark gefördert. Es stieg rasch zu einem geistig kulturellen Zentrum von internationalem Rang auf. Die St. Galler Klosterschule, die Bibliothek und das Skriptorium hatten europäische Bedeutung. In St. Gallen arbeiteten berühmte Künstler und Gelehrte der damaligen Zeit. Erwähnt seien, stellvertretend für zahlreiche andere, Notker Balbulus (der Stammler) und sein Zeitgenosse Tuotilo. Notker war Lehrer, Bibliothekar, Komponist und Dichter. Tuotilo, ein eigentliches Universaltalent, arbeitete als Maler, Elfenbeinschnitzer, Goldschmied, Baumeister, Astronom, Musiker und Dichter.

Klöster und Mönche

Die ältesten Klöster in unserem Land, diejenigen von Romainmôtier und St-Maurice, standen noch ganz in der Tradition des spätantiken Mönchtums, das seine Wurzeln seinerseits in dem aus dem Nahen Osten kommenden Einsiedlertum hatte. Die Mönche lebten völlig abgeschlossen von ihrer Umwelt in strenger Enthaltsamkeit.

Neuen Auftrieb erhielt das Mönchtum von den irischen und angelsächsischen Missionaren, die seit dem Ende des 6. Jahrhunderts auf dem Kontinent wirkten. Ihnen waren Weltflucht und Abkehr von der Gesellschaft fremd. Im Gegenteil, sie fühlten sich verpflichtet, Missionsarbeit zu leisten, und den Aufenthalt in heidnischen, feindseligen Gegenden empfanden sie als Bußübung. Die Tatkraft des irischen Mönchtums widerspiegelt sich in der von Columban geschaffenen Mönchsregel. Sie zeigt zwar noch einige Züge des Einsiedlertums. So sorgten harte Strafen für die Einhaltung von Zucht und Ordnung. Nach der Columbansregel gehörte zum gottgefälligen Leben aber auch geistige und körperliche Arbeit zum Wohle der Allgemeinheit. Diese Regel wurde im 7. Jahrhundert von vielen Klöstern übernommen. Doch mit der Zeit setzte sich immer mehr die maßvollere Mönchsregel Benedikts von Nursia (etwa 480–547) durch. Hier war der Abt weniger strenger Zuchtmeister als wohlwollender Lehrer und Vater. Beiden Regeln gemeinsam ist, daß Arbeit als Lebensinhalt gleichberechtigt neben die festgelegten Gebets- und Gottesdienstpflichten trat. «Ora et labora», bete und arbeite, lautet die einprägsame Kurzformel, die das Leben eines Mönchs in Zukunft bestimmte. Um die Mitte des 8. Jahrhunderts wurde die Benediktinerregel in St. Gallen eingeführt. Im Jahre 817 schließlich wurde sie für alle Klöster des Karolingerreiches verbindlich erklärt.

Der Eifer der irischen Glaubensboten und die von Columban und Benedikt geschaffenen neuen Grundlagen des Mönchtums hätten allein noch nicht genügt, um im 7. und 8. Jahrhundert eine wahre Flut von Klostergründungen auszulösen. Entscheidend war, daß Columban und seine Nachfolger auf die Unterstützung und Hilfe des Adels zählen konnten, der in den Klöstern ein Mittel sah, seine Herrschaft zu festigen und abzusichern. Die Karolinger setzten die Politik fort, die ihre Vorgänger eingeleitet hatten. Unter Karl dem Großen waren die Klöster eine bedeutende Stütze der fränkischen Reichsverwaltung. Sie übernahmen eine aktive Rolle bei der Erschließung des Landes nicht nur in religiöser, sondern auch in politischer, wirtschaftlicher und kultureller Hinsicht.

Die ersten Klöster waren aus einer radikalen, ablehnenden Haltung gegenüber Staat und Gesellschaft entstanden. Einige Jahrhunderte später aber wurden sie zu wichtigen Vertretern der Adelsgesellschaft und zu tragenden Elementen der Staatsmacht. Landschenkungen machten sie zu bedeutenden Grundherrschaften. Die auf den Klostergütern eingeführten agrartechnischen Neuerungen wirkten sich auf die gesamte Landwirtschaft vorteilhaft aus. Als Grundherrensitze mit zahlreichen Werkstätten waren die Klöster wichtige wirtschaftliche Zentren. Von ihnen ging zudem die erste soziale Fürsorge und Krankenpflege aus. Schließlich bildeten sie auch bedeutende kulturelle Schwerpunkte. Erziehung und Ausbildung konnten in jener Zeit ausschließlich durch die Klosterschulen vermittelt werden.

Die lateinische Sprache war im Laufe der Zeit arg verwildert. Damit die angehenden Priester wieder richtiges, gutes Latein lernen konnten, griff man im Unterricht vermehrt auf antike Autoren zurück. Bald einmal erwachte auch wieder das Interesse am Inhalt der antiken Texte. In den Skriptorien und Bibliotheken widmeten sich gelehrte Mönche dem Studium antiker Kultur und Wissenschaft. Den klösterlichen Schreibstuben verdanken wir die Überlieferung unzähliger Texte, die sonst mit Sicherheit verlorengegangen wären. Das frühmittelalterliche Mönchtum hat damit der abendländischen Kultur einen unermeßlichen Dienst erwiesen.

Karl der Große und seine Zeit

Wir haben bereits in einem früheren Kapitel erwähnt, daß im Laufe des 7. Jahrhunderts die Staatsgewalt den fränkischen Königen zusehends entglitt. Der im Jahre 639 verstorbene König Dagobert I. war der letzte bedeutende Merowinger. Anstelle der Könige, die nun nichts mehr zu sagen hatten, übernahmen die Hausmeier der einzelnen Teilreiche Austrien, Neustrien und Burgund die eigentliche Macht im Staate. In der entscheidenden Schlacht von Tertry bezwang der austrische Hausmeier Pippin (der Mittlere) im Jahre 687 seinen neustrischen Gegenspieler und übernahm die alleinige Führung des Frankenreiches.

Erst nach erbitterten Kämpfen konnte sich Pippins unehelicher Sohn Karl Martell (der Hammer) das väterliche Erbe sichern. Von weltgeschichtlicher Bedeutung war sein Sieg über die Araber im Jahre 732. Der arabische Vorstoß ins Innere Europas war damit endgültig gestoppt. Als der merowingische Schattenkönig Theuderich IV. 737 starb, konnte es sich der mächtige Hausmeier Karl Martell leisten, ihn gar nicht zu ersetzen, sondern er schaltete und waltete selbst wie ein König.

Nach seinem Tod übernahmen die Söhne Karlmann und Pippin (der Jüngere) im Jahre 741 die Herrschaft. Sie wurden aber nicht überall anerkannt: In Aquitanien, das heißt in Südwestfrankreich, in Alamannien und in Bayern mußten Karl Martells Söhne gegen aufständische Adlige kämpfen. Da der Adel die Oberhoheit des Königs immer anerkannt hatte, setzten sie geschickt nochmals einen Marionettenkönig ein. Der Aufstand des alamannischen Adels wurde mit dem «Blutbad von Cannstatt» grausam niedergeschlagen. Wenig später zog sich Karlmann, angeblich aus Reue über die Ereignisse von Cannstatt, ins Kloster zurück, so daß Pippin Alleinherrscher wurde.

Nun war es an der Zeit, die Merowingerdynastie endgültig zu beseitigen. Pippin wollte aber kein Risiko eingehen und ließ sich vom Papst – der höchsten geistlichen Macht – bestätigen, daß «es besser sei, den als König

Stuckstatue Karls des Großen
in der Klosterkirche von
Müstair GR.

Zwei Prunkstücke aus dem Schatz der Abtei St-Maurice VS.

Links eine in römischer Zeit einem einzigen Halbedelste[in] geschnittene Vase, die im 7. Jahrhundert mit einer Manschette und einem Fuß aus Goldblech versehen wo[r]den ist. In das Goldblech si[nd] Perlen, Saphire, Smaragde[n] und tiefrote Almandine eingelegt. Die Umarbeitung de[s] Gefäßes erfolgte vielleicht [in] der Werkstatt des heiligen Eligius (etwa 588-660), der später zum Schutzpatron d[er] Goldschmiede wurde.

Die Goldkanne (Bild rechts[)] nach der Überlieferung ein [Ge]schenk des Kalifen Harun-a[l-]Raschid an Karl den Große[n.] In Wirklichkeit ist die Kann[e] ein umgearbeitetes Beutestück. Die Emailplatten sin[d] tatsächlich in einer islamisc[hen] Werkstatt entstanden und g[e]hörten ursprünglich zu eine[m] sogenannten Kugelszepter wie sie die östlichen Reitervölker, zu denen auch die Awaren gehörten, kannten[.] Mit der übrigen Awarenbeu[te] ist wahrscheinlich auch die[ses] Szepter in der Schatzkamm[er] Karls des Großen gelandet, [wo] ein Goldschmied eine Kann[e] daraus machte.

zu bezeichnen, der die Macht habe, statt den, der ohne königliche Macht blieb». Damit war der Weg frei. Pippin ließ sich vom fränkischen Adel zum König wählen; den letzten Merowinger ließ er in ein Kloster stecken. Als Zeichen der Königserhebung wurde Pippin zum ersten Mal mit heiligem Öl gesalbt. Drei Jahre später wurde die Salbung durch den Papst wiederholt und diesmal auch den Königssöhnen zuteil. Mit dieser Zeremonie sollte jedermann gezeigt werden, daß Gott selbst die Karolinger zu den neuen Königen der Franken erhoben hatte.

Ganz uneigennützig hatte der Papst allerdings nicht gehandelt. Byzanz, die bisherige Schutzmacht des Papsttums, wurde von den Langobarden mehr und mehr aus Italien verdrängt. Dadurch riskierte das römische Papsttum, zum langobardischen Bischofssitz abgewertet zu werden. In dieser Notlage mußte der Papst um jede Hilfe froh sein. Noch im Jahre 754 zog Pippin mit einem Heer nach Italien und zwang den Langobardenkönig Aistulf, die eroberten byzantinischen Gebiete wieder herauszugeben. Er übertrug diese Ländereien dem Papst und begründete damit den Kirchenstaat. Zwei Jahre später mußte Pippin wieder in Italien eingreifen und die Langobarden in die Schranken weisen.

Nach 756 ließ sich Pippin nicht mehr in die italienischen Händel hineinziehen, sondern wandte sich näherliegenden Problemen zu. Bis zum Jahre 759 konnten die letzten noch verbliebenen arabischen Stützpunkte in Südfrankreich zurückerobert werden. In mehrjährigem Kampf (760–768) rang Pippin das selbständig gewordene Herzogtum Aquitanien nieder. Lange konnte er sich seines Triumphes allerdings nicht erfreuen, starb er doch bereits im September 768.

Wenn man Pippin wegen seiner Körpergröße den nicht gerade schmeichelhaften Beinamen «der Kleine» oder «der Kurze» gegeben hat, so wird man damit seiner Herrschaft wenig gerecht. Unter Pippin ist das Frankenreich zur unbestrittenen Vormacht des Abendlandes geworden, und die junge Karolingerdynastie hat ihre Tatkraft glänzend unter Beweis gestellt. Neben seinen militärischen Erfolgen hat Pippin das Reich auch im Innern gefestigt. Vom König eingesetzte Beamte, die Grafen, sorgten dafür, daß die Randgebiete wieder enger an die Zentralgewalt gebunden wurden. Die Kirche wurde ebenfalls reorganisiert und vermehrt in die Führung des Reiches einbezogen. Pippin beendete auch das generationenlange Durcheinander im Münzwesen und nahm das Prägerecht wieder fest in königliche Hand.

Das erstarkte Frankenreich geriet in Gefahr, als es nach Pippins Tod unter seine beiden Söhne aufgeteilt wurde. Karl erhielt Westen und Norden, Karlmann das Zentrum und die südlichen Landesteile. Die beiden Brüder verstanden sich überhaupt nicht; beide strebten die Alleinherrschaft an. Nur der frühe Tod Karlmanns verhinderte eine kriegerische Auseinandersetzung. So befand sich 771 das Frankenreich wieder in der Hand eines einzigen Herrschers.

Karl, den schon Zeitgenossen «Carolus Magnus», Karl den Großen, ge-

Chorschrankenfragment mit Tierornamentik aus der Klosterkirche von Müstair GR. Dargestellt ist ein drachenartiges Tier in einem Geschlinge von Bändern. In Flechtwerk verschlungene Tierkörper sind sehr typisch für das frühmittelalterliche Kunsthandwerk. Sie begegnen uns nicht nur auf Architekturteilen, sondern unter anderem auch auf Gürtelschnallen und Buchillustrationen.

nannt haben, war eine der hervorragendsten Herrscherfiguren der Weltgeschichte. Seine mehr als fünfundvierzig Jahre lange Regierungszeit bildete den Höhepunkt der fränkischen Macht. Mehr als sechzig Feldzüge unternahmen seine Truppen, gut die Hälfte davon führte der König selber an. Einem erneuten Hilferuf des Papstes folgend, eroberten die Franken 774 das Langobardenreich. Der langobardische König Desiderius wurde nach bewährter fränkischer Manier geschoren und in ein Kloster gesteckt. Mit der verstärkten Hinwendung nach Italien geriet auch die Schweiz wieder vermehrt ins Blickfeld der Franken. Die Sicherung der Paßstraßen lag ihnen am Herzen. So ist es nicht erstaunlich, daß im Bündnerland die Macht der Viktoridensippe bald einmal gebrochen wurde und königliche Beamte an ihre Stelle traten.

Bereits 772 war Karl ein erstes Mal gegen die Sachsen gezogen, die mit den Franken schon seit Generationen immer wieder Krieg geführt hatten. Es dauerte rund dreißig Jahre, bis der zähe, stets neu aufflammende Widerstand der Sachsen endgültig gebrochen war. Schneller als die widerborstigen Sachsen fanden sich die Bayern bereit, die fränkische Hoheit anzuerkennen. Der bayrische Herzog Tassilo wurde von seinem eigenen Adel im Stich gelassen, abgesetzt, geschoren und in ein Kloster abgeschoben. Damit verschwand 788 das letzte Stammesherzogtum.

Dann wandte Karl sich gegen die Awaren, die zeitweise den Bayernherzog unterstützt hatten. Die Awaren, ein asiatisches Reitervolk, hatten ihre Wohnsitze im heutigen Österreich und in Ungarn. Weitherum waren sie wegen ihrer Plünderzüge gefürchtet. Nun aber machte ein anderer bei ihnen reiche Beute. Machtlos mußten die Awaren nach ihrer Niederlage gegen Karl den Großen zusehen, wie im Jahre 796 eine ganze Kolonne von schweren Ochsenkarren ihre zusammengeraubten Reichtümer und Schätze abtransportierte.

Nach einem ersten mißglückten Vorstoß über die Pyrenäen gelang es den Franken zu Beginn des 9. Jahrhunderts, in Nordspanien Fuß zu fassen und die sogenannte «Spanische Mark» einzurichten. Ähnliche Grenzmarken gab es auch an der Nord- und Ostgrenze des Reiches. Es handelte sich dabei um Militärbezirke, die einem mit großen Vollmachten ausgestatteten Markgrafen unterstanden. Sie sollten Überfälle der benachbarten Dänen und Slawen abwehren.

Auf dem Höhepunkt seiner Macht herrschte Karl der Große über ein Reich, das von Süditalien bis nach Schleswig-Holstein und vom Atlantik bis in die ungarische Tiefebene reichte. Keiner seiner Vorgänger hatte jemals über so viel Gewalt, Einfluß und Reichtum verfügt. Der fränkische Königstitel gab Karls wahre Stellung im Kreise der Mächtigen nur noch ungenügend wieder. Er konnte den höchsten Autoritäten seiner Zeit, dem Papst, dem byzantinischen Kaiser und dem islamischen Kalifen, als gleichberechtigter, wenn nicht sogar überlegener Partner gegenübertreten. Es war deshalb nur logisch, daß sich Karl

Stammbaum der Karolinger

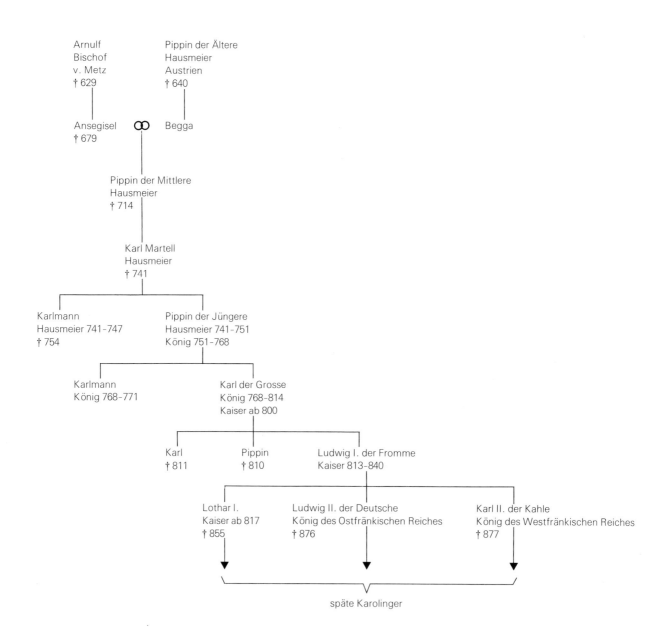

der Große an Weihnachten des Jahres 800 vom Papst zum Kaiser krönen ließ.

Karl setzte nicht nur Pippins Eroberungspolitik fort; wie dieser, bemühte auch er sich um die innere Festigung seiner Herrschaft. Das ganze Reich wurde in Grafschaften eingeteilt, die jeweils einem vom König eingesetzten Grafen unterstanden. Zu den Aufgaben des Grafen gehörte die Aushebung und Führung der Truppenaufgebote, die Aufsicht über die königlichen Güter, über Straßen, Brücken und Märkte. Ihm oblag auch das Eintreiben königlicher Einnahmen und die Stellvertretung des Königs als Gerichtsherr. Sogenannte Königsboten sollten die Amtsführung der Grafen überwachen. Diese zentrale Aufsicht scheint aber wenig wirksam gewesen zu sein, denn schon in den Spätjahren Karls des Großen zeigte sein Reich einzelne Auflösungserscheinungen. Nach Abschluß der großen Eroberungen war es für den Herrscher wesentlich schwieriger, den Adel, den er bis anhin mit großzügigen Landschenkungen und mit reicher Kriegsbeute hatte bei der Stange halten können, auch weiterhin an sich zu binden.

Karl der Große starb im Januar 814. Sein Nachfolger wurde Ludwig der Fromme, der einzige überlebende Sohn. Ganze Historikergenerationen haben ihn als schwachen Herrscher und als Alleinschuldigen am Zerfall des karolingischen Großreiches dargestellt. Sie übersahen dabei aber, daß ein so riesiges, völlig uneinheitliches Reich mit den Mitteln des fränkischen Staates auf die Dauer nicht zusammenzuhalten war. Zudem waren die Küstengegenden, von Friesland bis zur Biskaya, nun immer häufigeren Angriffen von Wikingern ausgesetzt. Diesen Überfällen vom Meer her standen die Franken als ausgesprochene Landratten praktisch hilflos gegenüber, was natürlich das Ansehen ihres Herrschers auch nicht gerade förderte. Letztlich ist Ludwig der Fromme aber an der eigenen Familie gescheitert, und die Karolinger hatten sich ihren Niedergang selber zuzuschreiben. Sehr früh, nämlich bereits 817, hatte Ludwig seine Söhne zu Mitregenten, Lo-

Auf der Rückseite eines Grabsteines aus dem 17. Jahrhundert ist in Chur vor einigen Jahren zufällig eine viel ältere Grabinschrift entdeckt worden. Sie war für einen Angehörigen der mächtigen Familie der Viktoriden bestimmt, die bis zur Karolingerzeit über Churrätien herrschte.

Die Inschrift lautet übersetzt etwa wie folgt: Im Namen Christi. Hier unter diesem Marmorstein, den Präses Victor, der edle Herr, aus dem Vintschgau kommen ließ, hier ruht der Herr...
Die letzten Zeilen mit dem Namen des Toten sind nachträglich getilgt worden.

thar, den ältesten, sogar zum Mitkaiser gemacht. Als Ludwig von seiner zweiten Frau ein weiterer Sohn geboren wurde, stieß er die ursprüngliche Erbteilung um, was zum Streit mit den Söhnen aus erster Ehe führte. Die letzten zehn Jahre von Ludwigs Herrschaft waren von ständigen Kämpfen mit seinen Söhnen überschattet. Nach Ludwigs Tod im Jahre 840 brach zwischen den verfeindeten Brüdern der offene Krieg aus, der erst 843 mit dem Teilungsvertrag von Verdun ein Ende fand. Der Osten des Reiches fiel an Ludwig den Deutschen, der Westen an Karl den Kahlen. Lothar erhielt den dazwischenliegenden Streifen, der von Friesland bis nach Italien reichte. Der Vertrag von Verdun war eine der folgenschwersten Abmachungen der Weltgeschichte. In den langen Regierungszeiten Ludwigs des Deutschen (843-876) und Karls des Kahlen (840-877) begann sich in den jeweiligen Reichsteilen ein Zusammengehörigkeitsgefühl zu entwickeln, das in der Zukunft nicht mehr verlorenging. Lothars Mittelreich, das von Anfang an ein unnatürliches Gebilde war, überlebte nicht lange. Aus den beiden anderen Teilreichen aber wurden schließlich Frankreich und Deutschland, die wichtigsten Staaten Europas.

Gegen Ende des 9. Jahrhunderts befand sich das Karolingerreich für kurze Zeit nochmals in der Hand eines einzigen Herrschers. Dann war der Traum von der Reichseinheit für immer vorbei. Das Reich zerfiel endgültig in mehrere Teile; der karolingische Staat spielte in der Geschichte keine Rolle mehr. Die bleibende, bis heute nachwirkende Leistung der Karolinger aber war es, im Herzen Europas neue gesellschaftliche, wirtschaftliche und kulturelle Grundlagen, die Fundamente des mittelalterlichen Europa, geschaffen zu haben. Das Abendland hatte sich nun endgültig von der antiken Mittelmeerwelt gelöst und prägte nun seinerseits die Geschichte der nächsten Jahrhunderte.

Die Schweiz im Frühmittelalter –

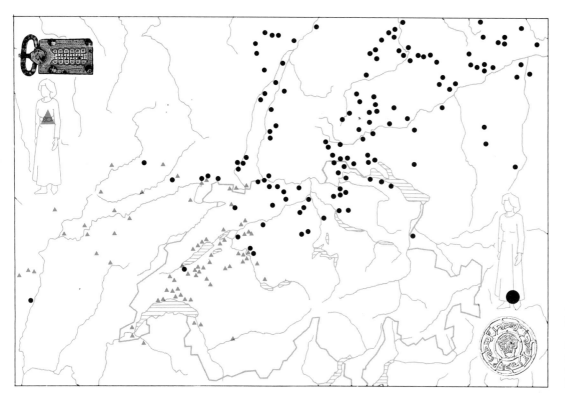

Romanische und alamannische Gürtelmode, hier vertreten durch Gürtelschnalle beziehungsweise Zierscheibe. Die Verbreitungskarte zeigt uns in groben Zügen die Grenze zwischen Romanen und Alamannen im 7. Jahrhundert.

Weder der Abzug der römischen Truppen vom Rhein zu Beginn des 5. Jahrhunderts noch die Absetzung des letzten römischen Kaisers im Jahre 476 veränderten den Lauf der Geschichte unseres Landes. Die entscheidende Wende war schon viel früher durch die verheerenden Germaneneinfälle in der zweiten Hälfte des 3. Jahrhunderts ausgelöst worden. Die meisten Gutshöfe, die bis anhin das Landschaftsbild geprägt hatten, wurden zerstört und nie wieder aufgebaut. Die Bewohner der einst blühenden Städte zogen sich in kleine, befestigte Kastellstädtchen zurück. Alle archäologischen Befunde sprechen für einen bedeutenden Bevölkerungsrückgang. Gegen Ende des 3. Jahrhunderts konnte das Römische Reich seine jahrzehntelange Krise überwinden und eine neue Verwaltungs- und Militärorganisation aufbauen. Die Schweiz war wieder zur Grenzregion geworden; Kastelle und Wachttürme sicherten die Rheingrenze. Dank der hier stationierten Truppen hatte unsere Gegend weiterhin Anteil an der antiken Kultur. Diese hatte sich allerdings innerhalb weniger Jahre von Grund auf geändert. Staat, Gesellschaft und Kunst hatten ein völlig neues Gesicht angenommen. Eine neue Epoche, die Spätantike, hatte begonnen.

Zu Beginn des 5. Jahrhunderts wurden die Truppen zur Verteidigung Italiens vom Rhein abgezogen. Wir wissen nicht, ob sie jemals wieder zurückgekehrt sind. Unser Land blieb aber weiterhin Bestandteil des Römischen Reiches. Der Truppenabzug löste keine Invasion durch die am Nordufer des Rheins lebenden Alamannen aus. Der archäologische Befund aus der Gegend von Basel zeigt im Gegenteil, daß Romanen und Germanen über den Fluß hinweg friedlich miteinander verkehrt haben.

Im Jahre 443 wurden die Reste des burgundischen Stammes vom römischen Feldherrn Aetius im Genferseegebiet angesiedelt. Genf wurde die erste burgundische Hauptstadt und blieb, auch als die Königsresidenz nach Lyon verlegt wurde, Sitz eines Nebenkönigs. Die Burgunder wurden von der zahlenmäßig stark überlegenen einheimischen Bevölkerung innerhalb weniger Generationen völlig aufgesogen und nahmen rasch Sprache und Kultur der Romanen an. Überhaupt blieb das Burgunderreich noch ganz der spätantiken Mittelmeerwelt verhaftet. In diese Zeit und dieses Milieu gehört die Reise des Händlers Bregerius und seiner Kinder. Im Jahre 534 wurde das Königreich Burgund von den Söhnen des fränkischen Reichsgründers Chlodwig erobert und bildete fortan neben Austrien und Neustrien ein Teil-Königtum des fränkischen Merowingerreiches.

536 kamen auch die Alamannen unter fränkische Herrschaft. Erst jetzt setzte die Besiedlung der Nord- und Ostschweiz durch die Alamannen ein. Diesen Vorgang haben wir uns nicht als plötzliche, schlagartige Invasion, sondern als allmähliche Besiedlung und Erschließung weitgehend veröderter und verlassener Landstriche vorzustellen. Höchstwahrscheinlich wurde die alamannische Landnahme sogar von der fränkischen Zentralmacht eingeleitet und gesteuert. Von wenigen Ausnahmen abgesehen, eine davon ist die Ansiedlung am Bernerring in Ba-

Rückblick und Ausblick

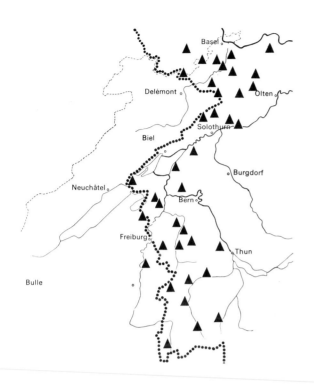
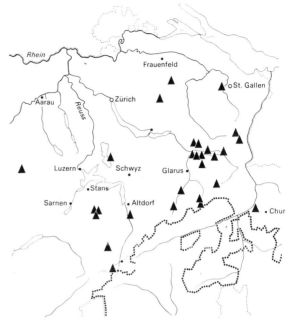

Die Kartierung der Walen-Namen in der West- und der Ostschweiz.
Namen wie Walenstadt, Wallenried usw. von althochdeutsch walah = Welscher, können uns Hinweise auf den Verlauf der Sprachgrenze in frühmittelalterlicher Zeit geben.

sel, traten die Franken selbst als Siedler nicht in Erscheinung. Im Verlaufe des 7. und 8. Jahrhunderts stießen die Alamannen nach Süden bis an den Rand der Alpen vor.

Mit der Eingliederung ins Frankenreich und der alamannischen Besiedlung wurden nun neue Einflüsse wirksam. Die romanische, spätantike Welt verlor allmählich ihre prägende Kraft, und der Anpassungsprozeß kehrte sich um. Unter germanischem Einfluß wurde die im 5. Jahrhundert aufgegebene Beigabensitte auch von der romanischen Bevölkerung wieder aufgenommen. Wir erinnern uns hier an die Beerdigung von Censonius in Riaz. In der Damenmode verdrängten zu Beginn des 7. Jahrhunderts die aus dem fränkischen Raum kommenden A-Schnallen (siehe «Gürtelschnallen und Gürtel», Seite 60) die einheimischen romanischen Gürtelschnallen.

Die modischen Veränderungen waren nur äußeres Zeichen einer viel tiefer gehenden Umwandlung. Mit dem Niedergang der Merowingerdynastie wurde auch die bisherige, stark vom Königtum abhängige Oberschicht nach und nach abgelöst von adligen Großgrundbesitzern, die viel stärker in den einzelnen Landesteilen verwurzelt waren und sich hier eigene Herrschaftsgebiete aufgebaut hatten. Der in Irgendingen als Gerichtsherr auftretende Graf Werhart ist ein Vertreter dieser neuen tonangebenden Klasse. Als Grafen und Herzöge waren diese Landesfürsten zwar auch königliche Amtsträger, doch kümmerten sie sich wenig um den fernen, machtlosen König. Erst den Karolingern gelang es im Verlaufe des 8. Jahrhunderts, den Adel wieder verstärkt an die Zentralgewalt zu binden.

Im Zusammenhang mit der Entstehung der Adelsherrschaften müssen unbedingt auch der irische Mönchsvater Columban und seine Nachfolger genannt werden. Dank der Unterstützung des Adels konnten die irischen Mönche zahlreiche neue Klöster gründen. Diese waren nicht nur für die Verbreitung des Christentums wichtig, sondern spielten auch eine bedeutende Rolle bei der (Wieder-)Erschließung des Landes. So wird dem heiligen Germanus (gestorben um 675), dem ersten Abt des Klosters von Münster-Granfelden (Moutier-Grandval), die Wiederherstellung der alten römischen Straße durch das Birstal zugeschrieben. Das Kloster von Romainmôtier ist im 7. Jahrhundert neu belebt worden, neue Klöster entstanden in St-Ursanne und Säckingen. In der ersten Hälfte des 8. Jahrhunderts erfolgten die Gründungen der für die nachfolgende Zeit so bedeutsamen Klöster Reichenau und St. Gallen, wo wir einen Blick in die Schulstube geworfen haben. Dank ihnen wurde der Bodenseeraum im 9. Jahrhundert ein Zentrum der karolingischen Reichskultur.

Für die Archäologen war es natürlich immer verlockend, das reiche frühmittelalterliche Fundmaterial einzelnen Völkerstämmen, den Alamannen, den Burgundern oder den Franken, zuzuweisen. Besonders die Gürtelschnallen, die in großer Zahl vorkamen und sich zudem gut in sauber abgrenzbare Gruppen aufteilen ließen, schienen für derartige Versuche geeignet zu sein. So glaubte man, die C-Schnallen (siehe «Gürtelschnallen und Gürtel», Seiten 60/61) den Alamannen,

Das Tessin gehörte während des Frühmittelalters zum italienischen Langobardenreich. Typisch langobardische Funde sind allerdings recht selten. Dazu gehört etwa ein in Stabio gefundenes Schildbeschläg aus vergoldeter Bronze. Das Goldblattkreuz (Bild unten) hingegen kommt aus einem Grab in Stein am Rhein S Der ursprünglich langobardische Brauch, Kreuze aus sehr dünnem Goldblech auf das Leichentuch aufzunähen, ist im 7. Jahrhundert auch nördlich der Alpen übernommen worden.

Bild rechts:
Goldene Vogel- und Fischfibeln mit Almandineinlagen Tierfibeln gelten als ausgesprochen germanische Elemente im frühmittelalterliche Fundgut.

die A- und B-Schnallen den Burgundern und die D-Schnallen den Romanen zuschreiben zu dürfen. Heute wissen wir, daß diese schematische Gleichung nicht aufgeht und daß wir nicht einfach fordern können: «Zeige mir deine Gürtelschnalle, und ich sage dir, wer du bist.» Denn C-Schnallen finden sich nicht nur im alamannischen Siedlungsgebiet, sondern auch in der romanischen Westschweiz, ja, sogar fast im ganzen fränkischen Reich. Hingegen treten die rechteckigen Schnallen des Typs B tatsächlich nur in der Westschweiz und im angrenzenden französischen Jura auf. Deswegen ist es aber noch lange nicht richtig, sie den Burgundern beziehungsweise den burgundischen Frauen zuzuordnen. Denn zeitlich gehören diese Schnallen in die Jahrzehnte um 600. Zu der Zeit gab es die Burgunder als Volksstamm schon längst nicht mehr. Die B-Schnallen – wie auch die etwas älteren bronzenen D-Schnallen – wurden von den Romaninnen im fränkischen Teilreich Burgund getragen. In der ersten Hälfte des 7. Jahrhunderts traten dann die aus der fränkischen Mode übernommenen A-Schnallen an ihre Stelle.

Bis zu einem gewissen Grad läßt sich zu Beginn des 7. Jahrhunderts aus der Verbreitung bestimmter Funde eine Grenze zwischen der romanisch-burgundischen Westschweiz und der alamannischen Nord- und Ostschweiz fassen. Sie verläuft ungefähr von Basel aus südwärts quer durch den Jura an die Aare und folgt dann mehr oder weniger dem Flußlauf bis zu den Voralpen. Diese Grenze trennte aber nicht Burgunder von Alamannen – wie lange behauptet wurde –, sondern Romanen von Alamannen. Mit größter Wahrscheinlichkeit steckte sie auch die Einflußbereiche der fränkischen Teilreiche Burgund und Austrien ab. Es war also auch eine politische Grenze. Wir dürfen uns darunter aber keine Staatsgrenze im heutigen Sinne mit Grenzpfählen, Stacheldraht oder noch Schlimmerem vorstellen. Zwischen den einzelnen Siedlungskammern gab es im Frühmittelalter auch größere, fast menschenleere Urwaldgebiete. Die «Grenze» war eine breite Kontaktzone, in der sich die Machtverhältnisse durch Zu- oder Wegzug, durch Erschließungsarbeiten, durch Kleinkriegsaktionen usw. auf die eine oder andere Seite verschieben konnten.

In diesem Zusammenhang ist auch eines der wenigen, historisch überlieferten Ereignisse der frühmittelalterlichen Geschichte unseres Landes zu erwähnen. Die Fredegarchronik berichtet für das Jahr 610 von einer Schlacht zwischen Alamannen und Transjoraniern. Als Transjoranier – «Leute ennet dem Jura», aus fränkischer Sicht – bezeichnet Fredegar die Einwohner der Westschweiz. Das Treffen soll bei «Wangas» stattgefunden haben. Der Ort ist nicht zu lokalisieren; die Vorschläge reichen von Ober- und Niederwangen bei Bern, über Wangen an der Aare und Aarwangen, bis zu Wangen bei Olten. Aus dieser Schlacht haben viele Historiker die «Entscheidungsschlacht» zwischen Alamannen und Burgundern gemacht. Im Anschluß daran sei unser Land endgültig zwischen den beiden Völkerstämmen aufgeteilt worden. In Tat und Wahrheit war das Gefecht bei Wangen ein unbedeutender Zwischenfall im jahrelangen Krieg der beiden verfeindeten Brüder Teudebert II. und Teuderich II., den Königen von Austrien und Burgund. Es waren ihre Truppen, die bei «Wangas» aufeinanderlosgingen. Die einen kamen aus dem burgundischen Herzogtum Transjoranien oder Ultrajoranien, die anderen aus dem austrischen Herzogtum Alamannien. Es war eine rein machtpolitische Auseinandersetzung zweier Merowingerkönige und ihrer Gefolgschaftshaufen. Von «Völkerschlacht» kann keine Rede sein.

Wenden wir uns zum Schluß noch der Frage zu, welche Auswirkungen das Frühmittelalter für die späteren Zeiten gehabt hat.
Einiges, was uns an der heutigen Schweiz völlig selbstverständlich ist, hat seine Wurzeln im fernen Frühmittelalter. Es genügt, eine Zehnernote anzuschauen. Es geht nicht um die Banknote selbst – Papiergeld gab es im Frühmittelalter selbstverständlich noch nicht –, aber um ihren Aufdruck. Dem Rand entlang steht da nämlich geschrieben: «Schweizerische Nationalbank, Banca Naziunala Svizra» und auf der anderen Seite: «Banque Nationale Suisse», «Banca Nazionale Svizzera». Auch der Wert ist in vier Sprachen aufgedruckt. Was haben unsere vier Landessprachen mit dem Frühmittelalter zu tun? Sehr viel, denn damals ist diese Sprachentwicklung eingeleitet worden.
Während der Römerzeit wurde im ganzen Lande lateinisch gesprochen. Auch im 5. und 6. Jahrhundert sprachen die Romanen – vom Genfer- bis zum Bodensee – weiterhin Latein. Allerdings war es nicht die klassische Sprache, wie sie heute in der Schule gelehrt wird. Gregor von Tours schrieb ein einfaches Vulgärlatein, und Fredegars völlig verwilderte Sprache würde einen heutigen Lateinlehrer zur Verzweiflung treiben. Die Ansiedlung der Burgunder hatte sich sprachlich nur sehr wenig ausgewirkt. Wir haben es bereits mehrmals erwähnt, daß die Burgunder sehr rasch Sprache und Kultur der romanischen Bevölkerungsmehrheit übernommen haben. Die Situation änderte sich erst mit dem Einsetzen der alamannischen Besiedlung. Von Norden her schob sich ein germanischer Sprachkeil in den bis anhin einheitlich romanischen Sprachraum und spaltete diesen schließlich auf. Westschweiz und Tessin folgten fortan der Sprachentwicklung der Nachbarländer, wo sich allmählich die französische und italienische Sprache herausbildeten. Im Innern der Alpen blieb eine isolierte romanische Sprachinsel bestehen; daraus entstanden die verschiedenen räto-romanischen Dialekte. In der Nord- und Ostschweiz setzte sich rasch die germanische Sprache durch.

Auch in anderen Lebensbereichen hat das Frühmittelalter seine Spuren hinterlassen. Das Christentum konnte sich in dieser Zeit endgültig behaupten. Zwar war es bereits Ende des 4. Jahrhunderts zur Staatsreligion des Römischen Reiches geworden. In den von Romanen bewohnten Kastellstädten hat es während des ganzen Frühmittelalters immer christliche Gemeinden gegeben. Die Burgunder waren zur Zeit ihrer Ansiedlung ebenfalls bereits Christen, so daß wir für die Westschweiz mit einer ununterbrochenen christlichen Tradition rechnen dürfen. Hingegen waren die alamannischen Siedler in der Mehrzahl auch zu Beginn des 7. Jahrhunderts noch Heiden. Wir erinnern uns an den gescheiterten, allerdings auch reichlich plumpen Bekehrungsversuch des heiligen Gallus in Tuggen. Nach dem Vorbild der bereits christianisierten Oberschicht nahmen die Alamannen im Laufe des 7. Jahrhunderts ebenfalls den neuen Glauben an. Die meisten noch heute bestehenden Klöster, Stadt- und Dorfkirchen sind im Frühmittelalter entstanden. Auch die kirchliche Organisation, die sich im Laufe der Zeit allmählich herausbildete, hatte in vielem noch sehr lange Bestand. So gehörte etwa der westliche Teil des Kantons Solothurn bis ins 19. Jahrhundert hinein zum Bistum Lausanne.
Das heutige Siedlungsbild hat seine Wurzeln ebenfalls im Frühmittelalter. In der Römerzeit war die Landschaft geprägt von den zahllosen Gutshöfen, in denen die Mehrheit der Bevölkerung

Die Entstehung der viersprachigen Schweiz, wie sie in einem Geschichtsheft für die Mittelstufe erklärt wird (oberes und mittleres Bild). Die graphisch gut gelungene Darstellung hat allerdings einen entscheidenden Nachteil: Sie ist falsch! Wenn wirklich Burgunder beziehungsweise Langobarden die sprachliche Entwicklung in der Westschweiz und im Tessin bestimmt hätten, so würde man dort heute eine germanische Sprache (Deutsch, Holländisch, Englisch oder Dänisch) sprechen, denn Burgunder wie Langobarden waren germanische Völkerstämme.
In Wirklichkeit haben sie beide sehr rasch Sprache und Kultur der einheimischen, romanischen Bevölkerungsmehrheit übernommen. Erst die Alamannen haben den einheitlich romanischen Sprachraum aufgespalten (unteres Bild) und leiteten damit eine neue Sprachentwicklung ein.

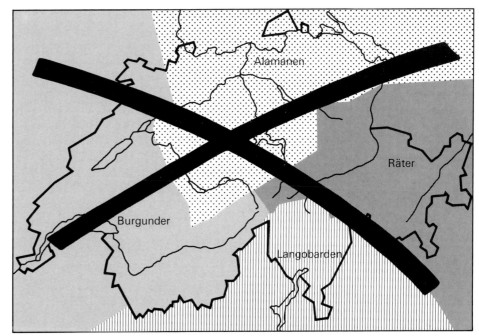

Volksstämme in der Schweiz im Frühmittelalter.

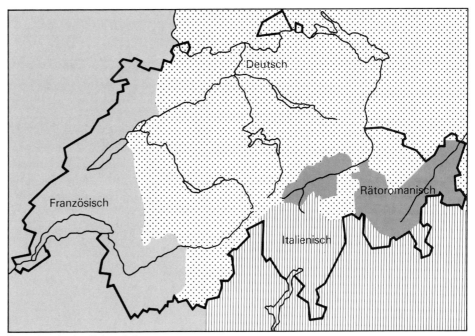

Sprachen in der Schweiz heute.

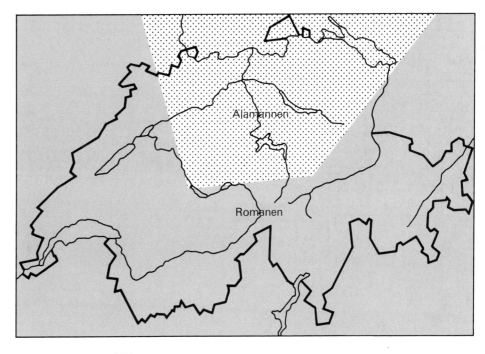

lebte und arbeitete. Dazu gab es einige größere und kleinere Städte, aber fast keine dörflichen Siedlungen. Nach den Germaneneinfällen des 3. Jahrhunderts sind die meisten Gutshöfe verlassen worden. Die arg dezimierte Bevölkerung zog sich auf befestigte Plätze zurück. Im Verlaufe des 6. und 7. Jahrhunderts nahmen alamannische Siedler das weitgehend verödete Land in Besitz und gründeten eine Unzahl neuer Siedlungen. Die meisten heutigen Dörfer und Städte sind aus einem frühmittelalterlichen Dörfchen herausgewachsen. Irgendingen ist überall. Die über das ganze Land verstreuten, durch Feld und Wald voneinander getrennten Dörfer und Weiler bestimmten von nun an das Siedlungsbild.

Die heutige Schweiz ist zwar nicht im Frühmittelalter entstanden. Unser Land war damals noch keine politische Einheit. Der Apfelschuß, der Rütlischwur, die Schlachten am Morgarten und bei Sempach, das alles fand erst viel später statt. Dennoch hat das Frühmittelalter sehr deutliche Spuren in unserer Sprache, Kultur und Landschaft hinterlassen.

Anhang

Wer sucht, der findet

In 12 Zeichnungen hat der Künstler absichtlich die unten abgebildeten Einzelheiten versteckt, die nicht ins Frühmittelalter gehören.

Seite 15

Seite 22

Seite 26

Seite 42

Seite 74

Seite 84

Seite 88

Seite 100

Seite 102

Seite 123

Seite 128

Seite 130

Ortsregister

Aarwangen BE 156
Altdorf UR 101
Arbon TG 28, 132, 137
Arlesheim BL 110
Augst BL 28
Avenches VD 36, 40
Barzheim SH 39
Basel 36, 40, 65, 72–83, 87, 108, 110, 111, 115, 117, 128, 152, 156
Beggingen SH 110
Bern 56
Berslingen SH 115, 118
Bülach ZH 59, 69, 88, 89, 110
Chur GR 33, 137, 142, 151
Egerkingen SO 110
Eptingen BL 110
Frick AG 68
Genf 12, 17–29, 31, 33, 36, 38, 40, 152
Grabs SG 137
Hofstetten SO 128
Ilanz GR 41
Illnau-Effretikon ZH 64
Kaiseraugst AG 28, 29, 33, 36, 68, 73, 82, 108
Lausanne VD 12, 25, 36, 40, 156
Martigny VS 33
Metzerlen SO 120
Münster-Granfelden BE 137, 143, 153
Müstair GR 145, 148, 149
Niederwangen BE 156
Nyon VD 31
Oberbipp BE 68
Oberwangen BE 156
Oerlingen ZH 88
Orbe VD 12, 25, 37, 40
Pfyn TG 28
Riaz FR 41, 46, 47, 48–57, 58, 59, 63, 64, 68, 69, 70, 78, 84, 85, 86, 89, 110, 114, 153
Riva San Vitale TI 33, 34
Ried FR 70, 89
Romainmôtier VD 17, 36, 37, 137, 144, 153
Säckingen AG 153
Saint-Maurice VS 12, 13, 32, 36, 37, 38, 40, 144, 146, 147
Saint-Ursanne JU 137, 153
Sankt Gallen 132, 134, 138, 139, 140, 141, 142, 144, 153
Schleitheim SH 110
Schöftland AG 84, 85, 109, 110, 111
Sézegnin GE 63, 64, 84, 116, 117, 125, 128
Sitten VS 34, 35, 40
Solothurn 12, 13, 16, 25, 28, 36, 64, 156
Stabio TI 154
Stein am Rhein SH 142, 154
Tuggen SZ 132, 156
Vevey VD 56
Vuippens FR 10, 11, 59, 68, 69, 70, 85, 86
Wahlern/Elisried BE 29, 58
Walenstadt SG 153
Wallenried FR 153
Wangen a.d. Aare 156
Wangen b. Olten 156
Windisch AG 28, 36, 40
Wülflingen ZH 33
Yverdon VD 40
Zofingen AG 85
Zuchwil SO 62
Zürich 28, 36, 40, 90, 91
Zurzach 36, 37

Weiterführende Literatur

Rainer Christlein. Die Alamannen, Archäologie eines lebendigen Volkes. Stuttgart 1978.
Max Martin. Die Schweiz im Frühmittelalter, vom Ende der Römerzeit bis zu Karl dem Grossen. Chocolat Tobler AG Bern, ohne Jahr.
Ur- und frühgeschichtliche Archäologie der Schweiz, Band VI: Das Frühmittelalter. Basel 1979.
In den erwähnten Arbeiten finden sich weitere Literaturhinweise.

Mitteilungen über neue Grabungen und Funde erscheinen laufend in der Zeitschrift «Archäologie der Schweiz», die viermal jährlich erscheint, und im «Jahrbuch der Schweizerischen Gesellschaft für Ur- und Frühgeschichte».

Abbildungsnachweis

Abbaye de Saint-Maurice 37, 146. Amt für Vorgeschichte des Kantons Schaffhausen 118, 154. Archäologische Bodenforschung Basel-Stadt 76, 79, 80, 82, 83, 115, 128. Atelier Zaugg, Bern 32, 33, 40, 78, 79, 81, 94, 95, 98, 99, 108, 114, 124, 152. Baumann, Schaffhausen 39. Bernisches Historisches Museum 7, 30, 154. Beuroner Kunstverlag 138. Bureau cantonal d'archéologie, Genf 19, 20, 25, 63, 64, 65, 116, 117, 125, 128. Büro Sennhauser, Zurzach 68. Dargaud Editeur 97. Denkmalpflege des Kantons Zürich 33. Emch, Solothurn 30, 59. Ex Libris Verlag 34, 139, 142, 147. Gygax, Zürich 38. helvetia archaeologica 148, 149. Historisches Museum Arbon 137. Historisches Museum Basel 78, 111. Kantonsarchäologie Aargau 68, 109, 110, 111. Kantonsarchäologie Solothurn 128. Lehmann, Bätterkinden 104. Louvre, Paris 98. Monuments Historiques et Archéologie, Lausanne 17, 31. Mülhauser, Fribourg 8, 9. Musée d'art et d'histoire, Genf 24. Musée du Château, Yverdon 30. Musée Jurassien, Delémont 142. Museum Allerheiligen, Schaffhausen 39. Österreichische Nationalbibliothek, Wien 119. Räss, Solothurn 13. Rätisches Museum, Chur 41, 145, 151. Schweizerisches Landesmuseum, Zürich 62, 69, 101, 105, 112, 113, 155, 158. Service cantonal archéologique, Fribourg 10, 11, 41, 46, 47, 54, 55, 56, 57, 59, 64, 65, 70, 71. Service des Monuments historiques et Recherches archéologiques, Sitten 34, 35. Spycher, Solothurn 16, 98, 99, 106, 117. Stiftsbibliothek St. Gallen 132, 133, 136, 140. Swissairfoto 28. Universitätsbiliothek Utrecht 104, 105. Widmer, Basel 21. Voss, Biberist 21. Marc Zaugg, Bern 12, 13, 14, 15, 16, 18, 22, 23, 24, 25, 26, 27, 42, 43, 44, 45, 48, 49, 50, 51, 52, 53, 60, 61, 66, 67, 72, 73, 74, 75, 84, 85, 86, 87, 88, 89, 100, 102, 103, 107, 117, 121, 122, 123, 126, 127, 129, 130, 131, 133.